聖書はさらに物語る

一年12回で聖書を読む本

大頭 眞一 [著]

YOBEL, Inc.

この本を愛する明野キリスト教会の兄姉と
「一年12回で聖書を読む会」の仲間たちにささげます。

【凡例】
＊本文中では、新改訳聖書第3版を使用しています。
＊『神の物語』とあるのは、マイケル・ロダール著、大頭眞一訳『神の物語』
2011年初版、2012年第2刷（日本聖化協力会出版委員会）を指しています。

すいせんの言葉──聖書の物語があなたを招く

平野克己

　季刊『Ministry』という雑誌に携わっているおかげで、小説家阿刀田高さんにインタビューさせていただいたことがあります。その時に聞きたいことがありました。

　阿刀田さんは、『旧約聖書を知っていますか』、『新約聖書を知っていますか』（新潮文庫）という２冊の本を書きました。けれども、ご本人はキリスト者ではありません。いったいどうして、聖書をめぐる書物を記したのですか？

　その答えはこのようでした──記憶の範囲なので不正確なところがありますが──。「クリスチャンが書いた聖書の本はたいていおもしろくない。聖書を売り込み、"信者"を増やそうという下心に満ちている。私たちが知りたいのは、聖書がどういう書物か、という知識なのだ。それがわかれば、買うか買わないか、つまり、"信者"になるかならないかを自分で決めることができるようになる」

　なるほど、と思いました。家電製品の店に行っても、商品を売り込もうと近づいてくる店員には距離を置きたくなります。知りたいのは、この製品が他の製品とどこが違うかです。買うか買わないかは、店員が決めることではなく、買い物客が決めることです。阿刀田さんは、そんな思いで、聖書物語を記したようです。

　大頭眞一牧師が『聖書は物語る』に続けて、『聖書はさらに物語る』を刊行しました。この本の特徴は、「聖書に何が記されているか」という知識をていねいに与えてくれるところにあります。

　大頭さんは、いつでも楽しいことを考えている人、サービス精神に満ちた人です。その性格がそのまま２冊の本に表れています。聖書を語る本でも、こんなに絵や図表が満載のものはそんなに多くはありません。そ

のことにも彼の楽しいサービス精神が表れています。

　この本は、聖書とはいったいどのような書物かをポイントを押さえて——ところどころはハラハラするほど大胆に！——書きとめてくれています。そして、聖書全体を見通しながら、聖書への知識を私たちに提供してくれるのです。執筆者自身がこれほどおもしろがりながら聖書を紹介している本は、そんなにはあるわけではありません。

　それでも、阿刀田さんの言葉にもかかわらず、この本は、「売り込もうとする下心」に満ちています。それは、大頭さんが個人成績をあげるためではなく、聖書に惚れ込んでいるからです。また、そのこと以上に、神ご自身が、聖書を通して、大頭さんだけではなく私たちをも、ご自分の物語の中に引きずり込もうとしているからなのです。

　阿刀田さんの言葉にもかかわらず、キリスト者になるとは、私たちが決めることではありません。神が、聖書という不思議な物語を通して、私たちを引きずり込むのです。そして、この不思議な物語に引きずり込まれた者は、この社会から見れば、不思議な歩みをはじめることになります。その時に私たちは気づきます。社会が、これこそ「常識」だと私たちに教えてくれた物語自体が実は不思議な物語であったということに。

　この本は、日本イエス・キリスト教団明野キリスト教会の一室で行われた小さな講座から生まれました。それがこのような本になったおかげで、日本中、世界中で読むことができるようになりました。実に楽しいことです。

　あなたが教会の中にいる方であるならば、聖書はこんなにもおもしろいということを再発見することができるでしょう。またこの本を用いて、あなたの教会でも、聖書の学び会をはじめてみてはいかがでしょう。

　あなたが教会の外にいらっしゃる方であれば、教会の中ではどんなことが語られているのかのぞき見することができるでしょう。もしもどこかに惹きつけられるところがあれば、教会を訪ねてみてください。そこに、「神の物語」に招かれながら、たどたどしくも実に愉快に、新しい歩みを始めた〈ふしぎな人〉たちが集まっています。

　　　　　　　　　　（説教塾全国委員長・日本基督教団代田教会牧師）

はじめに

　みなさん、こんにちは。2013 年、『聖書は物語る ── 一年 12 回で聖書を読む本』が出版されたときには、こうしてまたお目にかかれるとは、思ってもいませんでした。なんだか夢のようです。

　2012 年に明野キリスト教会で始まった「一年 12 回で聖書を読む会」。一年間いっしょに聖書を読んだ方々の多くが、2013 年も継続して参加してくださいました。この「二年生」のために、毎月楽しみながら作ったテキストを、ヨベル社が、また本にしてくださいました。今回は、以前にもまして、参加者のみなさんの疑問にお答えすることを心がけました。もちろん神と人との愛し合う関係に焦点をあてているところは、今までどおりです。

　今回はいつもいろいろなことを教えてくださる関西説教塾の仲間にも原稿をお願いしました。日本基督教団マラナ・タ教会の久下倫生牧師と堺鳳教会の森喜啓一牧師です。久下先生には「聖書の読み方」を、森喜先生には「知恵文学」について書き下ろしていただきました。また平野克己先生が、あたたかい推薦文を書いてくださいました。説教塾は、またとない研鑽と交わりの場。私にとっても、仲間とともに聖書と向き合う心燃やされる場です。昨年 8 月に、説教塾を指導してくださっている加藤常昭先生の奥様さゆり夫人が召され、塾生一同にとっても大きな悲しみのときとなりました。主からの慰めが豊かにありますように祈っています。

　また敬愛する中澤啓介先生（大野バプテスト教会・宣教牧師）と岩上敬人先生（インマヌエル狭山キリスト教会牧師・インマヌエル聖宣神学院教授）から

はじめに

もさまざまな示唆をいただきました。もちろん内容の責任はすべて筆者にあります。

この一年の間に、いくつかの教会が「一年12回で聖書を読む会」をお始めになりました。今後、よりよい会にすることができるようにと、「一年12回で聖書を読む会の会」という交わりも始まりました。関心がおありの教会は akeno@church.ne.jp まで、どうぞお問い合わせください。

それでは、この本を手にとったみなさまが、ますます聖書に親しまれますように！

2015年　受難節　　　　　　　　　　　　　　　　　　　　　大頭眞一

旧約聖書の表記（＝以下が略称）
創世記
出エジプト記
レビ記
民数記
申命記
ヨシュア記
士師記
ルツ記
サムエル記 第一＝Ⅰサムエル記
サムエル記 第二＝Ⅱサムエル記
列王記 第一＝Ⅰ列王記
列王記 第二＝Ⅱ列王記
歴代誌 第一＝Ⅰ歴代誌
歴代誌 第二＝Ⅱ歴代誌
エズラ記
ネヘミヤ記
エステル記
ヨブ記
詩篇
箴言
伝道者の書
雅歌
イザヤ書
エレミヤ書
哀歌
エゼキエル書
ダニエル書
ホセア書
ヨエル書
アモス書
オバデヤ書
ヨナ書
ミカ書
ナホム書
ハバクク書
ゼパニヤ書
ハガイ書
ゼカリヤ書
マラキ書

新約聖書の表記（＝以下が略称）
マタイの福音書＝マタイ
マルコの福音書＝マルコ
ルカの福音書＝ルカ
ヨハネの福音書＝ヨハネ
使徒の働き＝使徒
ローマ人への手紙＝ローマ
コリント人への手紙 第一＝Ⅰコリント
コリント人への手紙 第二＝Ⅱコリント
ガラテヤ人への手紙＝ガラテヤ
エペソ人への手紙＝エペソ
ピリピ人への手紙＝ピリピ
コロサイ人への手紙＝コロサイ
テサロニケ人への手紙 第一＝Ⅰテサロニケ
テサロニケ人への手紙 第二＝Ⅱテサロニケ
テモテへの手紙 第一＝Ⅰテモテ
テモテへの手紙 第二＝Ⅱテモテ
テトスへの手紙＝テトス
ピレモンへの手紙＝ピレモン
ヘブル人への手紙＝ヘブル
ヤコブの手紙＝ヤコブ
ペテロの手紙 第一＝Ⅰペテロ
ペテロの手紙 第二＝Ⅱペテロ
ヨハネの手紙 第一＝Ⅰヨハネ
ヨハネの手紙 第二＝Ⅱヨハネ
ヨハネの手紙 第三＝Ⅲヨハネ
ユダの手紙＝ユダ
ヨハネの黙示録＝黙示録

表記例
創世記22：7は創世記22章7節、詩篇23：1は詩篇23篇1節、マタイ5：3はマタイの福音書5章3節を表しています。

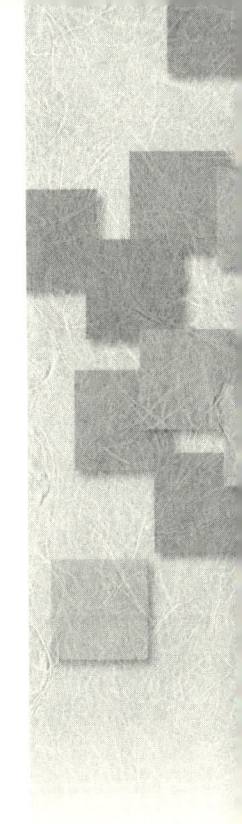

聖書はさらに物語る

一年 12 回で聖書を読む本

目次

すいせんの言葉：聖書の物語があなたを招く　平野克己	3
はじめに	5
第 1 回　カインとアベル	10
第 2 回　ノアの洪水	16
第 3 回　サムソンとデリラ	22
第 4 回　エリヤとエリシャ	31
第 5 回　魚にのまれたヨナ	36
第 6 回　神はそのひとり子を	41
第 7 回　山上の説教	47
第 8 回　神の国の譬え	52
第 9 回　ペテロの生涯	59
第 10 回　律法と福音	67
第 11 回　つまるところ、イエス・キリストとはだれなのか？	75
第 12 回　つまるところ、聖書とは何か？	83
豆知識：聖書の読み方について　久下倫生	88
豆知識：知恵文学について　森喜啓一	91
あとがき	94
もう少し聖書を知りたい方のための読書リスト	96
書評再録：『聖書は物語る　一年12回で聖書を読む本』　正木牧人	100
エッセイ再録：『ギリシャ人には』　大頭眞一	102
書評再録：『聖書はさらに物語る　一年12回で聖書を読む本』　工藤信夫	105
現場からのレポート　T教会における一つの試み　M牧師	107

聖書はさらに物語る

一年 12 回で聖書を読む本

第1回　カインとアベル

今日のポイント
・罪の本質とは何でしょうか。
・罪人に対して神はどのようにふるまうのでしょうか。
・罪の問題の解決はどこにあるのでしょうか。

【第2年の進め方】
　「一年12回で聖書を読む会」の第2年が始まります。第1年に続いてのご参加を歓迎いたします。第1年の終わりに行いましたアンケートの結果、第2年は、(1) 旧約聖書と新約聖書から、第1年目にとりあげなかった箇所を選び、(2) 旧約聖書に5回、新約聖書に7回を割り当て、(3) 機会ある毎に、世界史との関わりにも言及するという方針で実施することにしました。今日はその第1回。「カインとアベル」です。まず、創世記4章を朗読していただきましょう。

【罪という下向きのうず巻き】
　少しだけ復習です。創世記3章では、人類が最初の罪を犯しました。神のようになりたいという誘惑に屈しました。人は神に依存して生きるように造られています。神を信頼し、神に従っているときにだけ、幸せになることができる存在です。ところが人は、神との愛の関係を損なってでも、自分を主張することを選んでしまいました。これが原罪と呼ばれる最初の罪。つまり、すべての罪のプロトタイプ（原型）のような罪だったのです。
　罪がもっている問題は、神との関係を損なうことです。罪による神と

の関係の損壊は下向きのうず巻きのようです。罪が神との関係を損ねると共に、神との関係が損なわれるほどに罪はその度合いを増していくのです。この下向きのうず巻きは、一人の人の中で起こるのと同時に、他の人との関わりの中でも起こります。創世記3章では、夫婦の間でこの下向きのうず巻きが働きました。世界で最初の夫婦はたがいに相手を犠牲にして、自分だけは神の怒りを逃れようとし、その結果ますます神との関係を損ねて神から離れていくことになったのでした。罪とはまず神との関係に関わるものであることを、ここでもう一度確認しておきましょう。

【あわれみの神】
　人と神との関係は損なわれてしまったと言いましたが、それは関係が断たれてしまったというのではありません。人の側では、「もう神などいらない」と思ったのですが、それにもかかわらず人と神との関係は断たれることがありませんでした。それはひとえに神のあわれみのおかげです。神と断絶するならば、人は存在することができません。すべてのいのちやエネルギーの源は神だからです。神は罪ある人をあわれみ、関係を保ち続けます。そして、損なわれた関係を少しでも回復するように、人に語りかけ続けます。この神のあわれみは変わることがありません。それは人がますます下向きのうず巻きに入りこんでいくときにもそうなのです。

【史上最初の殺人事件】
　神との関係が損なわれたこの夫婦に二人のむすこ、カインとアベルが生まれます。人がまだ罪を犯さなかったとき与えられた「生めよ。ふえよ。地を満たせ」（創世記1：28）という神の祝福は、神のあわれみによってまだ有効だったのです。この子どもたちには大きなチャンスがありました。神を信頼し、神を愛し、たがいを愛し合って生きるチャンスがあったのです。弟のアベルについては記事が少ないのですが、カインについては、次のとおりいくつかのたいせつなことが記されています。
　(1)　神に愛されていることが十分にわからない人は、他者に対する優

越によって自分の存在価値を証明しようとする。造られただけでまだ何もしていない人を神が見たとき、「非常に良かった」（1：31）と記されているのにもかかわらず。

（2）　他者との競争に敗れたとき、人は劣等感、怒り、ねたみといった感情のとりこになる。「だが、カインとそのささげ物には目を留められなかった。それで、カインはひどく怒り、顔を伏せた」（4：5）。その結果、自分が否定されたと感じると、人は自分の存在価値の証明のためには、他人を排除することも厭わなくなる。「しかし、カインは弟アベルに話しかけた。『野に行こうではないか。』そして、ふたりが野にいたとき、カインは弟アベルに襲いかかり、彼を殺した」（4：8）。そして、ますます人は神から遠ざかっていく。「主はカインに、『あなたの弟アベルは、どこにいるのか』と問われた。カインは答えた。『知りません。私は、自分の弟の番人なのでしょうか。』」（4：9）の部分はこのことを表している。

（3）　罪を犯す瞬間にも神は語りかけている。「ただし、あなたが正しく行っていないのなら、罪は戸口で待ち伏せして、あなたを恋い慕っている。だが、あなたは、それを治めるべきである」（4：7）。これは罪から離れるようにと呼びかける神の声である。「なぜ、あなたは憤っているのか。なぜ、顔を伏せているのか」（4：6）は罪を治めるための唯一の方法を教えている。顔を上げて、神を見上げて、神に近づくことがそれ。神との関係だけが私たちを罪から守ることができる。

（4）　「あなたは、それを治めるべきである」（4：7）と神が言う以上、カインは神の助けによって、そうすることが可能である。原罪（罪の原型）はカインが正しい選択を行う能力を損なってはいるが、完全に奪い取ってはいない。

（5）　カインが罪を犯した後も、神はカインを見捨てないで守っている。神は罪人を見捨てないでどこまでも寄り添い続ける。「主は彼に仰せられた。『それだから、だれでもカインを殺す者は、七倍の復讐を受ける。』そこで主は、彼に出会う者が、だれも彼を殺すことのないように、カインに一つのしるしを下さった」（4：15）とある。

【カインとセツ】

　放浪するカインにも「生めよ。ふえよ。地を満たせ」(1：28) という神の祝福は注がれ、子孫が誕生していきます。一方、アベルを失い、カインも失ったアダムとエバにもう一人の男の子、セツが生まれました。セツの子エノシュが生まれたとき、「人々は主の御名によって祈ることを始めた」(4:26) とあります。セツの家系は信仰の家系と見ることができます。対照的にカインの家系は、強く豊かになっていくのですが、不信仰の家系として描かれているようです。特にカインから数えて６代目にあたるレメクは力ある人であったようですが、それまでのだれよりも悪に傾斜しているように見えます。彼は「カインに七倍の復讐があれば、レメクには七十七倍」(4：24) と、神を神とも思わない傲慢な不信仰があからさまです。また、「私の受けた傷のためには、ひとりの人を、私の受けた打ち傷のためには、ひとりの若者を殺した」(4:23) と言うなど、「神のかたち」(1：27) に造られた人間の尊厳を顧みず、殺人をも是とする傲慢な自己中心性の極まりが見られます。ふたりの妻をめとったことも、神のみこころにそむくことでした。

　けれども、信仰の血統や罪人の血筋といったものがあるわけではありません。罪も信仰も遺伝するものではありません。かといって人は一人で生きているわけでもありません。神との愛し合う関係に生きる信仰者はまわりの人にもよい影響を与えます。まわりの人はその人によって愛されることを体験します。そして信仰者は神と人を愛して共に生きる生き方のよきモデルともなります。上向きのうず巻きです。反対に、不信仰な人はまわりの人々にも負の影響を与えます。怒りやねたみの感情の再生産を促してしまうのです。下向きのうず巻きです。

　私たちは、善と悪の混在するこの世界に生まれてきます。その中で神の語りかけを聞くと同時に、自分中心な傲慢な生き方への誘いの声も聞いています。よき人生を選択するためには、個人として神の助けを受け入れ、正しい決断をすることが必要です。それと同時に神に向かう上向きのう

第1回　カインとアベル

ず巻きとして感化しあう人々の交わりに身を置き、愛され受け入れられることを経験することが必要なのです。

コラム1　神は不公平なのか

　なぜ神はアベルのささげ物に目を留め、カインのささげ物に目を留めなかったのか。これは不公平ではないか。カインが怒るのも当然ではないか。これは多くの人を悩ませてきた疑問です。ある人々はカインのささげ物にはアベルに比べて劣るところがあったにちがいないと考え、それを見つけ出そうとしてきました。他の人々は神が定められた運命だから受け入れるしかないのだとして納得しようとしてきました。

　しかし考えてみれば、この世界に生きる人はみなそれぞれ異なる環境や個性に生まれつきます。みなが全く同じというような平等は存在しないのです。神が求めるのは、そのように異なる一人ひとりが、それぞれに対する神の呼びかけに応じて生きることです。聖書が物語ろうとしているのは、神がなぜカインとアベルに異なる扱いをしたのかではありません。ささげ物を受け入れられないというできごとの中でもカインに語り続ける神。その語りかけに心を開いて応答するなら、カインは神との関係をよりよいものにすることができました。神はカインにはそのように働きかけるのが最善であったことを知っていました。神は一人ひとりと、規格に従った大量生産ではない、オーダーメイドの関係を望みます。私たちがそれぞれ異なる環境とできごとの中におかれているのは、そのためのようです。

コラム２　カインの妻はどこから来たのか

　カインは妻をめとり、子をもうけます。この妻はどこから来たのでしょうか。アダムとエバから生まれた女の子だとするなら、カインと妻は兄妹もしくが姉弟ということになってしまいます。これは聖書ではよしとされていない結婚です。あるいは、神はアダムとエバ以外にも人間を創造していたのでしょうか。

　いろいろな仮説は可能ですが、聖書に書かれていないので結論はでそうにありません。やはりここでもたいせつなのはhow(どうやって)ではなくwhy(なぜ)です。神は罪を犯したカインにも妻を与え、子を与えました。カインにも家庭が必要であることを知っていたのです。それは、神がカインをあわれみ、惜しんだからでした。カインの妻の名が記されていないことも、私たちの詮索をとどめるサインのように感じられます。

第2回　ノアの洪水

今日のポイント
・自然災害は神の裁きでしょうか。
・自然災害のとき、神は何をしていたのでしょうか。
・人は自然災害にどのように向き合うべきなのでしょうか。

【私たちの疑問】

　1995年1月17日の阪神・淡路大震災、さらに2011年3月11日の東日本大震災は私たちの考え方や生き方に大きな影響を与えました。自然災害にさらされるとき、だれもが「そのとき神は何をしていたのか」という疑問を持ちます。また「これは神の裁きだ」と声高に言う人が必ずいるものですが、これは私たちにはなんとも納得できかねます。幼い子どもたちまでも犠牲になっていくのを見るとなおさらです。こういったことを考えるときに、必ず論じられる箇所が「ノアの洪水」です。今日はいつもより長くなりますが、創世記6章5節から9章17節までを朗読者の方に交代で読んでいただくことにしましょう。

【神の困惑】

　ノアの一家しか生き残れなかったというほどの大洪水。その原因は神の決心にありました。「わたしが創造した人を地の面から消し去ろう。人をはじめ、家畜やはうもの、空の鳥に至るまで。わたしは、これらを造ったことを残念に思うからだ」(6：7)がその決心です。神はここで窮地に追い込まれていることがわかります。2つの心痛む選択肢の中からどちらかを選択しなければならないという、いわゆる「究極の選択」です。それは、

(A) 人の悪がますます増大するのを忍耐強く見続ける。そうするなら、やがて「神とともに歩」(6：9) む人はいなくなり、人はたがいに悪の限りを尽くして傷つけ合い命を奪い合うことになります。愛なる神はこれを見ていることができません。
　(B) これ以上の人の悪をとどめるために、すべての人と動物を滅ぼしてしまう。けれども神と愛し合うために造られた人がいないこともまた、愛なる神にとって諦めがたいことです。愛する相手を求めて神の心はうずくのです。
　こうして二つの選択の間でどちらも選ぶことが出来ない神は、「またしても」もっともリスクの高い第三の選択をします。ノアという神を愛する人に賭けたのです。「またしても」というのは、最初の人の創造のときと同じだからです。あのとき神は人に自由意思を与え、神とともに歩むか否かを人に選ばせました。あのとき人は神を拒みましたが、神はそれでもまだあきらめないでノアに賭けるのです。前回読んだように、カインそしてレメク (4：23。ノアの父親とは別人) と続く下向きの罪のうず巻きは、ノアの時代には世界全体を巻き込むまでになってしまいました。「主は、地上に人の悪が増大し、その心に計ることがみな、いつも悪いことだけに傾くのをご覧になった。それで主は、地上に人を造ったことを悔やみ、心を痛められた」(6：5～6) とある通りです。けれども、神は悔やみながらもさらなる後悔をもたらす可能性が高い選択をくり返しました。ノアとその子孫の中から神とともに歩む人々が現れることに賭けたのです。いつも人間が愛を選び取ることを期待し、そちらに賭け続ける。この点については、神には心変わりはありませんでした。

【悔いる神】

　それにつけても、神が「悔やみ、心を痛められた」(6：6) とは意表を衝かれる言葉です。「神はすべてを知っているのだから、だれがいつどんな罪を犯すかも知っているはずではないか。それならなぜ、人が罪を犯したからといって悔やんだり、心を痛めたりするのか。そんなことなら神は元々人など造らなければよかったのだ」と言う人がよくいます。け

れどもプログラム通りの言葉を発するロボットに愛はありません。愛することも愛さないこともできる私たちが、自分で神を選ぶときに愛が始まるのです。神は私たちがどちらを選ぶかを知りません。それは神が不完全だからではなく、そのような世界を造ることを神が選んだからです。神にとってはすべてを知っていることよりも、人と愛し合うことの方がたいせつだからです。そして神は大洪水の後、再び後悔ともとれる言葉を心の中で言います。「わたしは、決して再び人のゆえに、この地をのろうことはすまい。人の心の思い計ることは、初めから悪であるからだ」(8：21)。ここには愛ゆえに（これ以上の悪をとどめるために）やむを得ず洪水を起こさなければならなかったにもかかわらず、そのことを悔い、心を痛める神の姿があります。愛とはそういうものです。正しい選択をしたからといって、その選択に伴う心の痛みが消えるわけではないのです。

【自然災害は神の裁きか？】

　自然災害は神の裁きでしょうか？　答えはノーです。神が「わたしはあなたがたと契約を立てる。すべて肉なるものは、もはや大洪水の水では断ち切られない。もはや大洪水が地を滅ぼすようなことはない」(9:11)と言ったからです。神は「人の心の思い計ることは、初めから悪であるからだ」(8：21)とあらためて罪が人に与えた影響の大きさを悲しみました。そして今後は滅ぼすのではなく、どこまでも寄り添うことを決意したのでした。神が大洪水まで、人の悪を知らなかったというわけではないでしょう。「人の心の思い計ることは、初めから悪であるからだ」には、大洪水を起こさなければならなかったことを悲しみ、そうしなければならなかった自らを慰めるような響きが感じ取れるようです。

　そもそも裁きは、「だれがどういう理由で裁かれるのか」が明確でなければ意味を持ちません。自然災害は、すべての人が無差別にその被害を受けるわけですから、個人に対する裁きではあり得ません。国や世界全体に対する裁きだと見なす人もいますが、この場合も裁きの理由は明らかではありません。東日本大震災の被災地でも「神の裁き」だと声高に叫んだ人々がいたということですが、それはあり得ません。

さらに言うなら、ノアと同時代の人々は彼が箱船を造る様子を見ていたわけですから、神がノアに与えた警告を受け止めて、自分たちもノアをまねて箱船を造ることもできたはずです。ところが彼らは、そうしなかったために、自分から滅びを選びとってしまったと考えることは妥当なことでしょう。（写真：ミケランジェロ　システィーナ礼拝堂『大洪水』）

【神は何をしていたのか】
　神が積極的に自然災害を起こしたのではないなら、そのとき神は何をしていたのか？　これは、悲しみの中にある人々がくり返さずにはいられない問いです。まず忘れてはならないことは、神が痛みを感じながら私たちの悲しみに寄り添っていることです。そして第二に、神は災害のただ中で被害を最小限にとどめるために私たちを通して苦闘するということです。東日本大震災のとき、自分は津波から逃れられないと知った祖母が、夫と障害を持つ孫娘に向かって「生きろよ、こっち見るな、後ろを振り向くな、がんばって生きろよ、バンザイ、バンザイ」と叫びながら呑み込まれていったというできごとも報じられました。この気高い生き方は神が与えたものです。この祖母が神を信じていたかどうかにかかわらず、すべての良いものの源は神だからです。ほんの少しかもしれませんが、このできごとを通して神は世界を変えたのです。このような例を挙げるなら、とても数え切ることができないでしょう。神は自然災害と戦っています。人を通して、人と共に、創造の始まりからと同じように。

第2回　ノアの洪水

【私たちは自然災害にどのように向き合うべきか】
　これまで聖書は why（なぜ）を語ると、くり返しお話ししてきました。けれども、聖書はすべての why に答えているわけではありません。たとえば、創世記3章で見た悪の起源もそうでした。なぜ神が悪の発生を許したかは語られていませんでした。同じように神が自然災害の発生を許す理由も聖書には直接には語られていません。聖書が語っているのは、私たちがそのときどのような道を選び、生きるべきであるのか、です。聖書からいくつかのことを見てみることにしましょう。
　(1) 私たちは、神と共に自然災害に向き合うことを求められている
　私たちには自由意思が与えられています。国や地域によっては、自然災害に乗じて略奪などが行われることもあります。反対に先ほどの例のように自分を与えることもできます。神は私たちに、神と共に自然災害に向き合うことを求めています。
　(2) 私たちは科学の成果を用いて自然災害に向き合うべきである
　神は世界を治めるように私たちにお命じになりました。私たちの知性もまた神から与えられた良きものですから、最大限に用いるべきもの。科学と聖書が対立するように考えるのは完全な誤りです。ノアの洪水で言うならノアが造るように命じられた箱船はおよそ長さ134メートル、幅22メートル、高さ13メートルの大きさ（創世記6：15）でした。現代でも一つの家族がこんなものを造るのはたいへんなことです。神はノアに持てる限りの知識と技術を発揮することを求めたのです。私たちも科学の成果を駆使して、防災につとめ、予知し、避難し、救助し、復興に取り組むべきです。
　(3) 私たちにはそれぞれ使命がある
　私たちが今いるそれぞれのところに置かれていることも偶然ではありません。私たちにはそれぞれ、神が期待する使命があります。「生めよ。ふえよ。地を満たせ。地を従えよ。海の魚、空の鳥、地をはうすべての生き物を支配せよ」（同1：28）とある通りです。今いるところが被災地であれ、そうでないにせよ、です。自分がするべきだと思ったことを、小さなことであっ

てもできることから始めることです。災害への支援ばかりではなく、環境問題や社会問題などにも無関心でいてはならないでしょう。

> ### コラム３　神は自然災害に対して無力なのか
>
> 　「神が愛であるなら、自然災害を防ごうとするはずである。それにもかかわらず自然災害が起こるのは、神が無力だからではないか」という疑問はいつの時代にも提出されてきました。これに答えるためには、以下の基本的な考察を押さえておく必要があります。
>
> 　１．実は、私たちの世界の破壊的な自然現象の多くは、それ自体としては悪ではなく中立である。それが人間に被害をもたらす場合のみ災害と呼ばれる。さらに言えば、それらは良いものだとさえ言うことができる。例えば、地震や火山は、惑星内部の圧力を逃がすことによって、惑星が吹き飛んで、すべてが破壊されることを防いでいる。
>
> 　２．神は被造物に「自律的法則性」と「自由性」を与えてそれを尊重する。自然災害はいくつもの被造物の中にあるそれぞれの法則性が複雑に絡み合って生じるから、神が直接コントロールしているわけではない。
>
> 　３．それにもかかわらず神は自然災害に直接介入することができる力を持っている。実際にどれほどの自然災害が神によってとどめられているかは私たちにはわからないし、私たちが経験している災害にどれだけ神の介入があったかもわからない。さらに私たちが経験した自然災害を仮に神が完全にとどめた場合、その自然エネルギーが代わりにどのように放出したかも私たちにはわからない。
>
> 　聖書によるなら神は無力ではありません。けれども神が自然に与えた法則性を尊重する限り、その力には制限が加わります。神はその制限の中で可能な限りの愛を被造世界に注いでいるのです。そしていつか神はこの世界を再創造します。そのときこそ神の力が全面的に現れるのです。

第3回　サムソンとデリラ

今日のポイント
・士師とはどのような人々でしょうか。
・士師の時代の特徴はなんでしょうか。
・士師たちは完全な人物だったでしょうか。
・欲望に対処するすべは何でしょうか。

【士師の時代】

「士師」とは、「さばきつかさ」とも訳されるイスラエルの政治的宗教的指導者のことで、カナン征服から王国設立までの期間に活躍しました。聖書には12人の士師が登場します。その名前と主な行動、おおよその年代と士師記に描かれている箇所は次の通りです。士師たちは、みながイスラエル全国のさばきつかさであったわけではなく、主としてそれぞれの地方のリーダーでした。それぞれの活躍期間も、例えばエフタとサムソンのように重複しているものと考えられています。

表3-1　12人の士師

士師の名	主な行動	年代	箇所
①オテニエル	アラム人からイスラエルを解放	前1200年	3章
②左利きのエフデ	モアブ人からイスラエルを解放	前1170年	3章
③シャムガル	牛の突き棒でペリシテを打つ	前1150年	3章
④デボラとバラク	カナン北部の王ヤビンを討つ	前1125年	4〜5章
⑤ギデオン	ミデヤン人を撃退	前1100年	6〜8章
⑥トラ	23年間イスラエルをさばく	・	10章

⑦ヤイル	22年間イスラエルをさばく	・	10章
⑧エフタ	アモン人を討つ	前1070年	11～12章
⑨イブツァン	7年間イスラエルをさばく	・	12章
⑩エロン	10年間イスラエルをさばく	・	12章
⑪アブドン	8年間イスラエルをさばく	・	12章
⑫サムソン	ペリシテと戦い、20年間イスラエルをさばくが、非業の死。	前1070年	13～16章

　士師の時代を象徴するような言葉があります。「そのころ、イスラエルには王がなく、めいめいが自分の目に正しいと見えることを行っていた」（士師記17：6、21：25）です。すでに出エジプトから、200年近く経っています。イスラエルは神から約束されたカナンの地を攻略しようとしているのですが、なかなかそれが進まない停滞の時代です。イスラエルが偶像礼拝に陥ると侵略者に支配される。すると神が士師を送り助ける。けれども、その士師が死ぬとまたもや偶像礼拝が始まる。この同じパターンが延々とくり返されるのです。けれども、神の愛はイスラエルから離れることがありません。イスラエルを戒め、助け、裏切られては、また戒めて、神は延々とイスラエルに寄り添い続けるのです。その忍耐強い愛は驚きです。

【怪力サムソン】
　士師たちの多くは、はなはだ不完全な人々でした。エフデは卑怯な手段で暗殺を行った人物ですし、聖書配布で有名な団体に名を残すギデオンもその終わりは芳しいものではありませんでした。けれども、神はこのような人々を用いて共に働くことを好まれました。神はいつも完全な聖徒を作り上げて、それから仕事にとりかかるということはしません。不完全な人々を用いて、それでも計画を進めることができる力を持っているのです。その動機は不完全な人々への関心と愛から出ています。私たちもまた不完全な一人ひとりですから、このことの持つ意味は大きなものです。
　士師記の中でもっとも多くの記述があてられているのはサムソン。彼こそはその功績においても、また不道徳においても突出した人物でした。そ

第3回　サムソンとデリラ

れではここで、士師記の13章から16章を朗読していただきましょう。長い部分ですので交代でお願いします。

　母がサムソンを懐妊するときから、彼には特別な神の期待がありました。生まれてからはナジル人、すなわち特別な誓約を神に捧げた者、として育てられました。ところが、奔放な情欲と怪力を振り回す乱暴さによって次々とトラブルを引き起こします。トラブルの相手は、ペリシテ人です。結果としてイスラエルはペリシテ人の圧政から守られていくのですが、どうも感心するわけにはいきません。神はサムソンの行動を是認しているのではないようですが、そのことをもイスラエルのために用いられます。イスラエルを通して全人類を贖う（救う）という大計画のためにです。

【マネー、セックス＆パワー】

　それにつけても、サムソンの女性への執着、とりわけペリシテ人と通じていたデリラに、自分の力の秘密を打ち明けてしまうというできごとには愕然とさせられます。けれども現代でも多くの男女が誘惑に負けて、社会や組織に対する背信行為を行ってしまうことを考えるならば、これは人がみな抱えている弱さの表れなのでしょう。異性だけではありません。他にも私たちには様々な弱さがあります。かつて私の本棚の『マネー、セックス＆パワー』という本を見た友人が「人生の問題のすべてだな」と言ったことがあります。「すべて」ではないかもしれませんが、たしかに誘惑は私たちの人生の大きな問題です。

　これまでもお話ししてきた通り欲

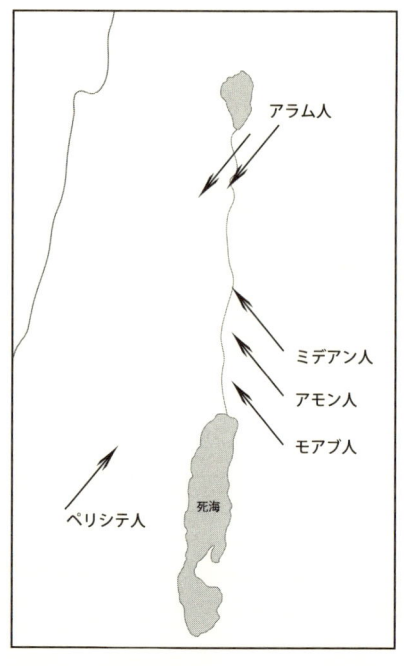

図3-1 士師の時代のイスラエルの敵

望そのものは、神が造られたよいものです。けれども私たちはしばしば欲望を歪んだ形で実現しようとします。また、欲望をコントロールできないで、逆に欲望に支配されてしまうときに神との関係も他の人との関係も損なわれていきます。青年期にはセックス、壮年期にはパワー、老年期にはマネーが執着の対象になるとも言われますが、実際ははるかに複雑でしょう。

　西方教会（主としてローマ・カトリックとプロテスタントのこと）最大の教父（教会の基礎を造った指導者たち）アウグスティヌス（354～430年）は『告白』の冒頭で「神よ、あなたは私たちをあなたに向けて造られました。私たちはあなたの内に安らうまでは安らぎをえません」と書いています。

　またパスカル（1623～1662年）は『パンセ』の中で「人間の心には神の形をした空洞がある。神のもとに帰るまでは何をもってしても空洞は埋まらずむなしさは満たせない」という意味のことを述べています。

　私たちは欲望が充足されれば（あるいは適度に充足されれば）、幸福になることができると考えているところがあります。けれども聖書によるならば、幸福は神との関係にあります。神との健やかな関係にあるとき、私たちは自分の欲望の充足を超えた幸福を得ることができます。そして欲望を正しくコントロールすることができ、欲望のために他人を貪ることからも守られるのです。神との健やかな関係は、ときには欲望の充足を手放すことさえも容易にします。

【偶像礼拝の問題】

　反対に神との健やかな関係が損なわれているならば、私たちの生活は欲望に支配される危険にさらされることになります。聖書の教える神以外を崇めることを聖書は偶像礼拝と呼んで厳しく戒めます。なぜなら人が頭で考え出した神は、人間の欲望の投影だからです。偶像を拝むことは自分の欲望に仕えること、それは、結局は自分をすり切れさせていくことになるのです。

コラム4　ユダヤ三大祭

　イスラエルの男子は「年に三度、わたしのために祭りを行わなければならない」（出エジプト記23：14）と命じられていました。士師記の時代に、これがどれほど実際に行われていたかは不明ですが、その概要を下表のように整理しておきましょう。

	過越の祭り（ペサハ）	七週の祭りまたは、刈り入れの祭り（シャブオット）	仮庵の祭りまたは、収穫祭（スコット）
ユダヤ暦	ニサンの月の15日から1週間	シバンの月の6日	ティシュレの月の15日から1週間
2013年の例	3月26日〜4月1日	5月15日	9月19日〜25日
目的	出エジプト、つまりイスラエル民族の贖い（救い）を記憶し神に感謝する。	収穫を神に感謝する。	エジプトから脱出して荒野で40年間仮小屋で過ごしたことを記憶し、神の守りに感謝する。
律法による規定	羊と牛をいけにえとして献げ（申命記16：2）、酵母入りのパンを食べず（出エジプト記12：15）、1日目と7日目に聖なる会合を開く（出エジプト記12：16）。	小麦の収穫期が始まるころなので、新しい小麦粉で作ったパンが奉献物として捧げられた（レビ記23：17）。	イスラエル人すべてがその祭の7日間は木々の大枝となつめやしの小枝からできた仮小屋に住むよう命じられ（レビ記23：42）、7日間神殿でいけにえがささげられ、初日に13頭の雄牛と、その他の動物、その後雄牛は1日に1頭ずつ減らし、7日目には7頭、合計70頭の雄牛がささげられた（民数記29：12〜34）。そして第8日目には荘厳な集会

律法による規定				が持たれ、1頭の雄牛、1頭の雄羊、そして7頭の子羊がほふられた（民数記29：35～36）。
現代ユダヤの習慣	家庭でセデルと呼ばれる夕食の儀式を行う。説明とともに6種類を食す。1) マロール（苦い菜）エジプトでの奴隷の苦難を表す。2) カルパス(野菜)エルサレム神殿時代を表す前菜。3) ハゼレット（もっと苦い菜）マロールと同じ。4) ハロセット（くるみとりんごを交ぜたもの）エジプトで奴隷であったときのレンガ作りの象徴。5) ゼロア（子羊の前脚ロースト）神の強い手と過越しの羊をも象徴。6) ベイツァ（卵）神殿があったころささげられた犠牲の象徴。または神殿喪失を嘆く象徴とも。	トーラー（律法）の学習、ルツ記の朗読などが行われ、食事には肉を使わず乳製品を食べる。	スカー（仮小屋、複数形がスコット）を作って、中に座り食事をする。中には寝る人も。

| ペサハの食事 |  シャブオットの食事 |  仮庵の家 |

第3回　サムソンとデリラ

コラム5　聖絶

　旧約聖書の記事の中でどうにも理解に苦しむのが、「聖絶」です。ヘブル語のヘーレムの訳語ですが、敵対する異民族の全員を殺すことを意味します。愛なる神とこのことがどう調和するのか、多くの人がこのことで頭を悩ませてきました。そんな中で、いくつかのことが主張されてきました。

　1）「聖書に書いてあるからといって、すべてが事実とは限らない」とする立場。この立場をとりたくなる気持ちはよくわかりますが、都合が悪いことは事実でないとするなら、聖書の信憑性そのものが揺らぐことになってしまいます。この立場の一つのバージョンに、「聖書は、バビロン捕囚後、編纂が行われた。神の命令に背いた結果が捕囚であることを強調するために、聖絶に関する神の命令が挿入された」とするものがあります。やはり、論拠は弱いと見るべきでしょう。

　2）「聖絶は物理的な殲滅を意味しない。敗戦した民族がかつて仕えていた神から、イスラエルの神に仕えるようになる変化を比喩的に描く言葉である」とする立場。これも第一の立場同様、ご都合主義の批判を免れません。

　3）著者の立場は、たとえ都合の悪いことであっても、聖書の記述とまっすぐに向き合おうとするものです。

　①神が聖絶を命じ、実際に実行されることはマレであったとしても、イスラエルが実行したことは史実である。その目的は、イスラエルを偶像礼拝から守ることにあった。(申命記20章17-18節「すなわち、ヘテ人、エモリ人、カナン人、ペリジ人、ヒビ人、エブス人は、あなたの神、主が命じられたとおり、必ず聖絶しなければならない。それは、彼らが、その神々に行っていたすべての忌みきらうべきことをするようにあなたがたに教え、あなたがたが、あなたがたの神、主に対して罪を犯すことのないためである。」)

　②一方で聖絶は敵対異民族に対してだけではなく、偶像礼拝を行うならイスラエル人に対しても向けられた。出エジプト記22：20には、「ただ主ひとりのほかに、ほかの神々にいけにえをささげる

者は、聖絶しなければならない」とあります。だから、聖絶の目的は、神と人との関係を破壊する脅威を取り除くことにありました。聖絶の対象が、隣接する異民族に限られ、遠方の異民族は慈しむべき存在であったこともこのことを裏書きするものです。

　③十誡の「殺してはならない」と、聖絶は矛盾しています。神は、その矛盾の中で、まず神と人との関係を確保することを優先しました。もとより、どんなときでも「殺してはならない」どころか「敵を愛する」人々を育てるのが、神の究極の目的です。十字架上で、敵対する者のためにとりなし死んだイエス・キリストこそが、神の民の姿なのです。けれども、そのためには、まだ千年以上の年月を要したのであり、そのための第一歩は、「聖絶」というはなはだしい痛みをともなう形でしか始まり得なかったのでした。

　④聖絶は、神が残酷な神であったからではありません。人の罪ゆえ残酷になってしまった世界のためでした。史実として、「聖絶」に類する行為は当時のイスラエルの周辺諸国でも見られるものでした。イスラエルが敗戦するなら、聖絶されてしまうという状況の中で、イスラエルは生き残らなければなりませんでした。全世界の祝福、平和の基となるべきイスラエルが、聖絶を行わなければ、そうなることができない、というのは、神にとって、平気で受け入れることができるようなことではありませんでした。けれども、神は痛みを覚えつつ、世界を変えようとなさいました。

　⑤現代の私たちが、聖絶に疑問を感じることは当然のことです。神もまた、その疑問を支持なさるでしょう。こうした時代が訪れたのは、痛みを伴う神の苦闘の成果だからです。けれども、現代においても、もっとグロテスクなことが起こっていることも忘れてはなりません。神は今も、痛んでおられます。そして私たちに、ともに働くことを呼びかけておられるのです。

コラム６　一神教と戦争

　このところ、たびたび「どうして一神教は戦争をするのですか」と尋ねられます。確かに、三つの一神教、イスラム教とユダヤ教とキリスト教の間での対立が目立ちます。それに比べて仏教の方が争いが少ない、と言われればそうかもしれません。戦争は純粋に宗教的な対立によって起こるのか、むしろ、政治や経済が原因になることが多いのではないか、という答もあり得ます。けれども、仏教圏でも政治・経済の問題もあるわけですから、やはり何らかの差異があると考えた方がよいのでしょう。

　一神教と一口で呼ばれるのですが、実は、キリスト教は本来、対立を乗り越えていく宗教です。イエスの有名な「よきサマリヤ人」の譬えをご存じでしょうか。この譬えの中で、ユダヤ人の宗教的指導者たちは、ケガをした同胞のユダヤ人を助けません。ところが、当時ユダヤ人から正統派信仰から逸脱したとみなされていたサマリヤ人がそのユダヤ人を助けるのです。ですからイエスは、ユダヤ人であることを乗り越えて他の宗教の人々を愛することを求めたのでした。

　実際には、キリスト教会はその歴史の中でくり返し失敗を重ねてきました。クリスチャンであることを乗り越えて愛することを忘れたのです。その一方でマザーテレサのように、あらゆる人々に乗り越える愛を注いだ人々も教会には絶えませんでした。ですから、問題なのはクリスチャン全般ではなく、乗り越えていく愛というキリスト教の本質を理解していないクリスチャンだということができるのです。自らを振り返り、誤りがあったなら直ちに歩みを正すことなしには、キリスト教はキリスト教であり続けられないことを肝に銘じなければなりません。

第4回　エリヤとエリシャ

学びのポイント
・エリヤとエリシャはどのような人物だったでしょう。
・奇蹟は存在するのでしょうか。
・聖書の奇蹟にはどんな神の意図があるのでしょうか。

【エリヤとエリシャ】

　士師の時代の後、イスラエルには王が立てられました。ところが、間もなく王と民の心が神から離れてしまいます。その結果、北と南に王国が分裂した後、北王国最悪の王アハブの時代に預言者エリヤが登場します。預言者は、未来のことを語るよりも現在についての神の思いを伝える人であることは以前お話しした通りです。エリヤは、アハブにかんばつを預言します。それはアハブの妻イゼベルが持ち込んだ異教の神バアルが天候の神とされていたことへの痛烈な皮肉でもありました。3年のかんばつの間、エリヤは烏(からす)に養われる奇蹟、また一人のやもめに養われたときに2つの奇蹟を行います。やがて、エリヤは主なる神の預言者として、バアル

ストロッツィ作（Bernardo Strozzi, c. 1581-1644）
「預言者エリヤとザレパテのやもめ女」1630年作

31

の預言者450人に立ち向かい、神に祈って天からの火の奇蹟を起こします。それではここで、Ⅰ列王記18章を読んでいただきましょう。

エリヤの後継者として見出されたのが、エリシャ。彼も多くの奇蹟を行いますが、そこには神のあわれみが表れています。一般の人々に対するあわれみ、異邦人に対するあわれみ、です。エリシャの60年に及ぶ活動は、イスラエルの政治や軍事行動にまで影響を与えました。エリヤとエリシャをめぐる主な奇蹟を表にまとめてみました。

表4-1　エリヤとエリシャをめぐる主な奇蹟

エリヤをめぐる主な奇蹟	エリシャによる主な奇蹟
・シドン地方のザレプタに行き、一人のやもめに養われたとき、やもめの甕（かめ）の粉は尽きず、瓶の油も絶えなかった。また、やもめの息子が死んだとき生き返らせた（Ⅰ列王記17章）。 ・バアルの預言者と対決し、火を降していけにえを焼き尽くした（Ⅰ列王記18章）。 ・シナイ山（ホレブ山）上で、神の声を聞く（Ⅰ列王記19章）。 ・アハブの子アハズヤがエリヤを招くために軍隊を遣わすが、二度に渡って焼き尽くされる（Ⅱ列王記1章）。 ・エリヤ、たつまきに乗って天に上る（Ⅱ列王記2章）。	・エリコの町の水源を塩で清めた（Ⅱ列王記2章）。 ・油を増やして寡婦とその子供たちを貧困から救った（Ⅱ列王記4章）。 ・シュネムの婦人の子供が死んだ際、その子を生き返らせた（Ⅱ列王記4章）。 ・毒物の混入した煮物を麦粉で清めた（Ⅱ列王記4章）。 ・パン二十個と一袋の穀物を百人の人間が食べきれないまで増やした（Ⅱ列王記4章）。 ・アラムの軍司令官ナアマンの皮膚病をヨルダン川の水で癒した（Ⅱ列王記5章）。 ・水の中に沈んだ斧を浮き上がらせた（Ⅱ列王記6章）。 ・アラム軍から山に満ちる火の馬と戦車によって守られる（Ⅱ列王記6章）。

【奇蹟は存在するのか？】

このようなエリヤとエリシャをめぐっての多くの奇蹟。キセキには「奇跡」と「奇蹟」の二通りの漢字が当てられます。以前お話ししたように、「奇

跡」は「不思議なこと」、「奇蹟」は「神の意思が込められた不思議なこと」です。ここでは、「奇蹟」に統一しました。

聖書に描かれている奇蹟は私たちを当惑させます。なぜなら私たちの日常生活は奇蹟が起こらないことを前提にしているからです。交通標識の速度制限は、自然な自動車の制動距離をもとに定められているし、私たちが買い物をするときも次の給料日までの収入と支出を考えて決定をくだすのです。言ってみれば、起こるか起こらないかわからないことに自分の生命や家族の生活を賭けるわけにはいかないのです。

C. S. ルイスは、奇蹟とは「超自然な力の自然への介入」だと考えます。神が存在し、この世界を造ったなら、神こそは自然を超えた「超自然な力」の持ち主です。その神が超自然な力を、目的をもって用いることがあるなら、奇蹟は起こるでしょう。奇蹟を否定する立場と肯定する立場の論点の主なものを次の表に整理してみました。主にルイスの『奇跡論』を参考にしました。

表4-2 奇蹟を認めない論拠とそれへの反論

	奇蹟を認めない論拠	奇蹟を認める者の反論
1	日常生活で奇蹟を経験することがないから、奇蹟は存在しない。	神は目的をもって奇蹟を起こす。通常は自然の法則に従って世界を運営しているから、日常生活では奇蹟は経験しない。
2	そもそも超自然などというものは存在しない。神もまた存在しない。私が知覚したことがないからだ。	私たちが知覚したことがないものは存在しないということにはならない。聞いたことはあるが会ったことがない親戚は誰にでもいる。
3	知覚し得ないものであってもその存在が推論できるものであれば認められるが、奇蹟はそうではない。	私たちの推論は私たちの知覚の経験の範囲に基づいている。最初に地動説が唱えられたとき、だれもそれを認めようとはしなかった。

33

第4回　エリヤとエリシャ

4	超自然なるものが存在するなら、その存在はすべての人間に明らかなはずではないか。	あなた自身が超自然である。あなたは、自分の自然な利益に反することをあえて選ぶことをする。ときには死という犠牲を払うことさえ。
5	人間の内面に超自然が存在することは認めるとしても、人間以外の時間と空間に奇蹟が起こることはあり得ない。自然法則を破ることはできないから。	神が処女の中に奇蹟的に精子を造り出すと、その後は自然法則のとおり、妊娠と出産が続く。神は自然法則の中に新しい出来事を送り込むことによって奇蹟を行う。破るのではなく。
6	古代人は科学的無知から奇蹟を信じたが、科学の進歩は奇蹟を信じる必要をなくした。	イエス・キリストの処女降誕を、当時、信じたのはマリヤとヨセフ以外にほとんどいなかった。彼らも、当然のこととして受け入れたのではなくあり得ないことを知りつつ受け入れた。奇蹟を受け入れがたいのはいつも同じ。
7	奇蹟さえ言わなければキリスト教を信じてもいいのに……	奇蹟を取り除くならキリスト教は意味のないものになる。神が人となったこと。そして十字架に架けられ死んで、復活したこと、これこそがキリスト教の核心である。
8	奇蹟はつじつまを合わせるための作り話ではないのか。	創造、贖い、復活、再臨、これらはみな奇蹟であり、奇蹟こそが宇宙の歴史の本筋。奇蹟を認めないことは、実は宇宙の歴史の脇筋だけを見ていることになる。

　以上の議論は、奇蹟を科学的でないと切り捨ててしまうという判断以外にも可能性があることを示すだけのものです。議論によって、神の存

在に到達することはありません。そもそも議論によって証明される神はつまらない神です。神は生きています。私たちにとって思いがけないときに、思いのままに自分を現す。そんな油断のならない（？）存在。それが神です。

【奇蹟の目的】
　興味深いことに聖書の奇蹟もまた、いつも起こっているわけではありません。聖書の奇蹟は実は3つの時代に集中して起こっていることに気づかされます。出エジプトの前後、それと今回読んでいるエリヤとエリシャの時代、そしてイエス・キリストの時代です。そして、それぞれの時代には神の特別な目的がありました。出エジプトにおいては、奇蹟によってイスラエルはエジプトから救い出され、神の民が始まりました。そして、エリヤとエリシャの時代は、イスラエルが偶像礼拝をくり返して神から離れてしまった時代。神は多くの奇蹟によってイスラエルの王と民を目覚めさせようとしました。そしてイエス・キリストにおいて、神の受肉という最大の奇蹟と共に最終的な贖いが始まりました。

　このように神は救いの計画を大きく進めるときに、奇蹟を起こし、神と共に働くように人々を励ましてきました。このように奇蹟は、全人類を救う神の計画と密接に結びついています。決して、人間の都合で思うようになる「アラジンの魔法のランプ」のようなものではありません。いつものように、神のあわれみこそがその動機なのです。神は自分の威厳を示すためではなく、キリスト教会の勢力を拡大するためでもなく、ただ救いの計画のために奇蹟を行われたのでした。

第5回　魚にのまれたヨナ

学びのポイント
・人が魚にのまれることがあるのでしょうか。
・アッシリヤが本当にユダヤ教に改宗したのでしょうか。
・この書は何を伝えているのでしょうか。

【魚にのまれたヨナ】
　ヨナは紀元前8世紀の預言者です。II列王記14：25に「彼（ヤロブアムII）は、レボ・ハマテからアラバの海までイスラエルの領土を回復した。それは、イスラエルの神、主が、そのしもべ、ガテ・ヘフェルの出の預言者アミタイの子ヨナを通して仰せられたことばのとおりであった」とある以外のことは何もわかっていません。ヨナは、神からイスラエルの仇敵アッシリヤに宣教師として出向くように命じられたのですが……。たいへん短い書ですので、全部朗読していただくことにしましょう。いかがでしょうか。

　ここでまず、なんだかおかしいのは、人間が魚にのみこまれるというところです。そして3日間生存する。そもそも、「まっこうくじら」や人をのみこむことのできる大きな「さめ」が東地中海にいたという記録はありません。仮にいたとしてもクジラの食道は人間の大人を飲み込めるほど太くないようです。さらに、人間が魚の胃袋の中で窒息しないで生存できるのかという疑問もあります。魚の胃酸の方はpH6の微弱な酸性ですが、やはり危ないでしょう。
　さらにアッシリヤの歴史には、ニネベがユダヤ教に改宗したという記

録がありません。いつもイスラエルを脅やかし、圧倒的な力の差を持つアッシリヤの首都ニネベがユダヤ教に改宗することは確かに考えにくいことです。紀元前722年、北王国イスラエルがアッシリヤに滅ぼされることを知っている私たちにはなおさらのことです。ではいったいこの物語は何であるのか。主として3つのタイプの理解が存在するようです。

（1）ヨナ書をすべて事実として受け入れる立場。ヨナは超自然的に魚にのまれ、潜水艦のように運

『大魚に吐き出されたヨナ』
ギュスターヴ・ドレ作1883年

ばれた。ニネベも実際に改宗したのだが、後に元にもどって、イスラエルを滅ぼしたと考えるものです。

（2）ここに書いてあることは事実ではあり得ないとする立場。この立場によれば、すべてが荒唐無稽な作り話ということになります。

（3）そして第三の立場が著者の立場です。人間をのみこむ魚が存在するかどうか。のみこまれた人間が三日間生存できるかどうか。あるいはアッシリヤのニネベがユダヤ教に改宗したことがあるかどうかの判断は、海洋生物学と考古学の判断に委ねるのです。そして、この物語がいったいなぜ聖書の中に収められているのかを考えるのです。Howではなく Why。いつもの通りです。

【神の選民？】

ヨナ書の中味に目を向けると直ちに気がつくのは、ヨナと神との異邦人に対する見方のちがいです。ヨナにとって、アッシリヤはイスラエルを脅かす敵です。アッシリヤなど滅びてしまったらよいと思っているの

第5回　魚にのまれたヨナ

とうごま　種子からひまし油を採る

です。けれども、神はそうではありません。かつて神はアブラハムに「地上のすべての民族は、あなたによって祝福される」（創世記12：3）と言いました。イスラエルは確かに神の選民なのですが、それは特権を享受するためではありませんでした。むしろ、他の民に神を伝える祝福の通路として選ばれたのでした。

ところが、ヨナは完全に勘違いをしているようです。アッシリヤ憎さに自分たちが立てられた目的を忘れているのです。いえ、忘れているのならまだよいのですが、分かっていてわざと逆の方向のタルシシュに向かったのですから確信犯です。この物語が事実であれ虚構であれ、目的はイスラエルの目をさまさせることにあったことは間違いないでしょう。「目をさませ、イスラエル。たとえ強敵に囲まれていても、あなたがたには使命がある。それは神を伝えること。すべての民が神の愛に抱かれていることを伝えることだ」というメッセージが込められているのです。

【あわれみの神】

ヨナがニネベで滅びを告げたときに、人々は神を信じて悪行から離れました。すると神は滅びを思い直しました。ここにも神がどのような存在であるかが鮮やかです。本来なら神からヨナが受けた預言、「ニネベは40日後に滅ぶ」という預言は必ず実現しなければならないはずです。なぜならそうでなければ、神は偽りを言ったことになるからです。また未来を見通すことが出来ない神になってしまうからです。ところが、神はそんなことは気にとめていないようです。神の関心事は、自分の全能よりも、ニネベの人々が滅びないで、生きることだからです。しかも神の前に、

神と共に生きることだからです。ここでも、未来は神によって固定されているのではなく、神と人とが共に作るものだとする聖書の歴史観が顕著です。神の動機はあわれみだからです。

ヨナはこのことも完全に理解していました。「ああ、主よ。私がまだ国にいたときに、このことを申し上げたではありませんか。それで、私は初めタルシシュへのがれようとしたのです。私は、あなたが情け深くあわれみ深い神であり、怒るのにおそく、恵み豊かであり、わざわいを思い直されることを知っていたからです」(4：2) とあります。神は悪人をもあわれんでしまう神。ゆるしがたい悪人、つぐなうことなどできない罪を犯した罪人をも愛している神。ですから、悪人や罪人が悪から神へと向き直るやいなや、まるで待ち受けていたかのように、ゆるしてしまうのです。そんな神を知っていたがゆえに、ニネベに行くことを拒んだヨナ。その胸中は複雑です。

ミケランジェロ（Michelangelo Buonarroti 1475 – 1564）預言者ヨナ

けれども、神は神に不服を述べるヨナを叱りつけることをしません。神はヨナにも寄り添ってやさしく説得するのです。神はヨナのために日陰になる「とうごま」の木を生えさせます。ヨナはそれを喜ぶのですが、神は翌日それを枯れさせます。死ぬほど怒るヨナに対する神の言葉がヨナ書の締めくくりです。「あなたは、自分で骨折らず、育てもせず、一夜で生え、一夜で滅びたこのとうごまを惜しんでいる。まして、わたしは、この大きな町ニネベを惜しまないでいられようか。そこには、右も左もわきまえない12万以上の人間と、数多くの家畜とがいるではないか」(4：10〜11)。神はニネベの民を惜しむのです（動物も）。神を知っているイスラエルを

惜しむのと同様に神を知らないアッシリヤを惜しむのです。神にとってのアッシリヤは、ヨナにとってのとうごまのようではないからです。アッシリヤは、神が造り、愛し、あわれんでいる民なのです。そして神を知っているイスラエルには、アッシリヤに対するよりも、もっと多くのことを要求するのです。それは神の心を知ること。神のアッシリヤへの愛を知り、憎しみを超えてアッシリヤをあわれむこと。アッシリヤに寄り添い、アッシリヤに神を指し示すことがそれです。神はヨナを叱るのでもなく、罰するのでもなく、ささやくことによって悟らせようとします。ヨナの中に愛が芽生えるのを辛抱強く待つのです。

コラム7　聖書はなぜ物語なのか

　聖書はなぜ、「箇条書きの道徳規定」でもなければ、「体系的な哲学書」でもないのでしょうか。むしろ聖書は、さまざまな物語（エピソード）の連続です。抽象的な概念ではなく特定の時間と場所で起こる「できごと」を綴るのです。

　けれども、考えてみればこれは不思議なことではありません。私たちがだれかについて知るときに、年齢・職業・性別などのデータを知ったところで、その人を知ったことにはならないからです。その人を知るには、その人にまつわるエピソードを知る必要があります。そして、エピソードを通してその人を理解し、やがてその人と直接関係を持つようになるのです。聖書において「その人」とは「神」。だから聖書は神の物語（エピソード）なのです。

第6回　神はそのひとり子を

学びのポイント
・聖書中でもっとも有名な箇所はどこでしょうか。
・ほろびとは何でしょうか。
・十字架とは何だったでしょうか。
・「いのち」を得るためにどうしたらよいのでしょうか。

【小さな聖書】
　それでは最初にヨハネの福音書第3章1～21節を朗読していただきましょう。とても有名なところでユダヤ人の指導者ニコデモが登場する内容です。いかがでしたか。特に16節「神は、実に、そのひとり子をお与えになったほどに、世を愛された。それは御子を信じる者が、ひとりとして滅びることなく、永遠のいのちを持つためである」について、宗教改革者マルティン・ルターが「この言葉を暗誦しなければならない。毎日自分に言い聞かせる必要があるからだ。そして、この言葉が私ども自身によく通じるようにしなければならない」と言いました。
　今日はこの箇所から、イエス・キリストによる救いについて読んでいきたいと思います。「ヨハネの福音書」というときの「福音書」について、『聖書は物語る・一年12回で聖書を読む本』から少し引用します。

　福音書は何よりも、イエス・キリスト自身が「救いをもたらす福音」であると語るのです。イエス・キリストは真理を教えましたが、ただの教師ではありませんでした。また奇蹟を行いましたが、ただそれだけではありませんでした。イエス・キリストとはだれか。その答は福音書記

者たちも、最初はなかなか受け入れることができませんでした。イエス・キリストは神！ 神が人となって、歴史のただ中に入りこんだ！ これはめまいがするような話です。信じるにしても、信じないにしても、びっくりするような話であることだけは確かです。これが福音です。この驚きが福音なのです。(76頁)

【神の狂おしいほどの愛】
「神は、実に、そのひとり子をお与えになった」とあります。三位一体が早くも登場します。これまでもお語りして来たように、三位一体というのは私たちの理解力を超えているのですが、そこには最も大事なことが明らかです。それは神自身が（どのようにしてそれが可能であるかは想像を超えているのですが）自分を投げ出して、愛を注いでくださったこと。キリスト教会はこの愛を「神の狂おしいほどの愛」と呼んで来ました。ヨハネの福音書3章16節は、そんな愛をつまびらかに記します。順に見ていきましょう。以下では、内田和彦著「『キリスト教は初めて』という人のための本」(1998年、いのちのことば社刊) を多く参考にしました。

(1) 神は、世を愛された
「世」とは、神が造ったすべてです。そして、そのすべては人の罪のために歪んでしまいました。罪とは神に背を向けること。神の愛に背を向けることです。けれども背を向けられた神は、あきらめることができません。ルカの福音書15章の「放蕩息子」の譬えでは、息子（私たち）に裏切られた父（神）が、息子の帰りを待ちわびます。けれども、実際の神はそれよりもさらに激しく行動しました。

(2) ひとり子をお与えになった
これには、二つの意味が重ねられています。
a) 神が人となりました。その人となった神を「神のひとり子」と呼びます。イエス・キリストは子なる神。ユダヤ人であった弟子たちがこのことを信じたのは不思議なことです。なぜなら、十誡をはじめとする律法は、被造物を神とすることを厳しく禁じているからです。けれども、

弟子たちはイエスを神だと信じました。死んで復活したイエスに会ったからです。
　b）人となった神が十字架に架けられました。神がご自分をたまわった、文字どおり与えてくださったのです。
（3）滅びることなく
　ほろびとは神との交わりの断絶です。すべての良きものの源である神との断絶をほんとうに経験したのはイエス・キリストだけですから、断絶を描くこともまた困難です。けれども、はっきりしていることがあって、それは神との断絶によって、いっさいの希望が失われること。ほんとうの絶望です。
（4）永遠のいのちを持つため
　けれども、十字架によって、ほろびから「いのち」への帰還が可能になります。このことについては、「聖書は物語る・一年12回で聖書を読む本」の86頁以下に詳しく記しましたので、四つの項目だけを挙げておきます。
　a）神と人との交わりの回復の十字架（和解）
　b）罪の赦しの十字架（赦罪）
　c）解き放つ十字架（解放）
　d）いやしの十字架（治癒）
　永遠のいのちは、死後（正確には死後、再臨のときに私たちが、復活して）、初めてはじまるのではありません。それは、今ここで始まるのです。神のかたちに似せて造られた私たちが、そのかたちに回復されながら生きる。愛に生きるいのちです。それは、規則を守って生きる生活ではなく、新しいいのちを喜んで生きる生活。喜びの生活なのです。
（5）御子を信じる者が
　信じるとは、どういうことでしょうか。また、どのようにしたら信じることができるのでしょうか。このことのためには、ヨハネの福音書3章の16節に先立つ部分が大切です。項目を改めてこの部分に注目することにします。

第6回　神はそのひとり子を

【ニコデモの場合】

　このニコデモという人物は、これ以上、永遠のいのちに近い人はいない、そういう人物でした。聖書に精通した「パリサイ人」(3:1) で「イスラエルの教師」(3:10)、宗教的にも実際的にも「ユダヤ人の指導者」(3:1)、人生経験豊かで「老年に」(3:4) 達していました。けれども、そのニコデモに対して、イエスは「人は、新しく生まれなければ、神の国を見ることはできません」(3:3) というのです。

　この言葉はニコデモを混乱させたようです。無理もありません。「人は、老年になっていて、どのようにして生まれることができるのですか。もう一度、母の胎に入って生まれることができましょうか」(3:4) と私たちも言いたくなります。イエスの答は、さらに謎めいて聞こえます。「あなたがたは新しく生まれなければならない、とわたしが言ったことを不思議に思ってはなりません。風はその思いのままに吹き、あなたはその音を聞くが、それがどこから来てどこへ行くかを知らない。御霊によって生まれる者もみな、そのとおりです」(3:7〜8)。人はどうしたら、救われることができるか。信じることができるか。その答は、衝撃的です。「人にはできない」のです。人にはできない！では、だれにできるのか？答は「神にはできる」です。三位一体は、父なる神、子なる神、聖霊なる神。御霊は神です。私たちに働きかけ、私たちの心を開き、私たちにいのちを注ぐ神です。

　では、風のようにとらえどころのない御霊をとらえるには、

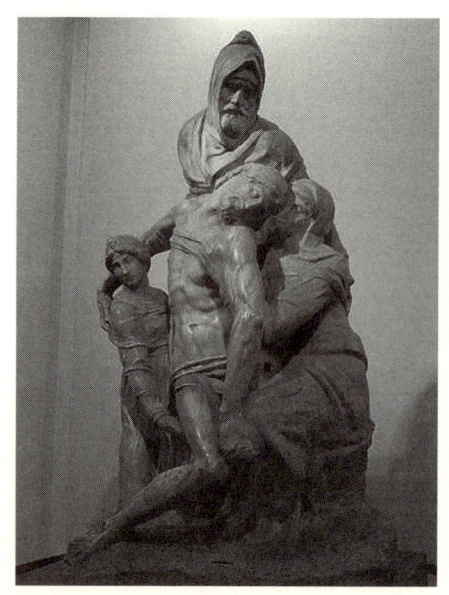

ミケランジェロ　3番目のピエタ (1555年)
最上部がニコデモ。
十字架から降架されたキリストを支える

44

第6回　神はそのひとり子を

コラム8　イースター

　キリスト教会を悩ませるのが、イースターの日付です。これは移動祝祭日で、西方教会では、3月22日から4月25日の間のいずれかの日曜日になります。毎年移動するのは、「春分の日の後の最初の満月の次の日曜日」という計算をするからです。イースターに先立つ40日間を四旬節（または受難節・レント）と呼びますが、日曜日は数えないので、実際は46日前の水曜日から始まります。この水曜日を灰の水曜日と呼びます。四旬節の間は、キリストの受難を思い慎みをもって暮らすのですが、その前に大いに楽しむのが「謝肉祭」（カーニバル）です。これは聖書とは関係ないのですが、だいたい1週間に渡って行われ、灰の水曜日の前日に終わるようです。受難節の最後の一週間が、受難週。その木曜日が、最後の晩餐の行われた洗足木曜日。そして金曜日が受難日、グッド・フライデーです。イースターには、彩色したゆで卵を配ったりもします。これは、かつては（教派によっては現在も）レント期間、肉や卵を食べなかったことや、また卵が復活の新しいいのちを表すからです。

何をすればよいのでしょうか。みなさんはもうすでに、そのことをなさっています。こうして、教会に来て、聖書を読む。いろいろと考えて、神を思う。すでに御霊は働いています。どうぞ続けてご出席ください。

【ニコデモ、その後】
　ヨハネの福音書３章を読むかぎりでは、ニコデモが新しく生まれたかどうかは不明です。けれども、この福音書を読み進めていくと、もう一度ニコデモが登場します。イエス・キリストが十字架に架けられた日のことです。

　そのあとで、イエスの弟子ではあったがユダヤ人を恐れてそのことを隠していたアリマタヤのヨセフが、イエスのからだを取りかたづけたいとピラトに願った。それで、ピラトは許可を与えた。そこで彼は来て、イエスのからだを取り降ろした。前に、夜イエスのところに来たニコデモも、没薬とアロエを混ぜ合わせたものをおよそ30キログラムばかり持って、やって来た。そこで、彼らはイエスのからだを取り、ユダヤ人の埋葬の習慣に従って、それを香料といっしょに亜麻布で巻いた。イエスが十字架につけられた場所に園があって、そこには、まだだれも葬られたことのない新しい墓があった。その日がユダヤ人の備え日であったため、墓が近かったので、彼らはイエスをそこに納めた。(19：38～42)

　この記事は、ニコデモが新しく生まれたことを伝えています。そして、それはすべての人が新しく生まれることができることを、告げてもいるのです。

第 7 回　山上の説教

学びのポイント
- 有名な山上の説教は、聖書のどこにあるのでしょうか。
- 「心の貧しい者」とは、だれのことでしょうか。
- 地上において「完全」は可能なのでしょうか。

【山上の説教】

「山上の説教」とは、新約聖書のマタイの福音書第5章から7章にある、イエス・キリストが山上で弟子たちと群衆に語った教えのことです。かつては、「山上の垂訓」とも呼ばれることが多かったのですが、最近はその呼び方を避けるようになりました。その理由は「垂訓」ですと、どうしても道徳的教訓を守るように命じる、というニュアンスがつきまとうからです。これはマタイの福音書の一部ですから、やはり福音です。福音は、今までも何度もお話ししてきたとおり、グッド・ニュース。神の救いのわざを宣べ伝える言葉なのです。ですから、この山上の説教を、これを守らなければ救われない救いの条件だと考えては、大きな誤りをおかすことになります。また、これを守るならば、救われると考えるのも誤りです。この点では、山上の説教が、「新約聖書の律法」だと言われるのも大いにうなずけることです。旧約聖書の律法が、神と共に歩く歩き方を教えたように、山上の説教はイエス・キリストと共に歩く歩き方を教えているのです。それでは、マタイの福音書第5章を読みましょう。前回、参加者で輪読してはどうか、というご意見がありましたので、試してみることにしましょう。

第7回　山上の説教

【幸福への道】
　最も有名な部分は5章3節から10節までの「幸いです」と8回繰り返される部分、八つの幸い、とも呼ばれるところです。その最初の一つ、「心の貧しい者は幸いです。天の御国はその人たちのものだから」(5：3) などは多くの人の慰めとなってきました。「心の貧しい者」とは、自分のうちには正しさがないことを認め、イエス・キリストに現れた、神のあわれみにすがる者のことです。幸福の条件は、神との正しい関係に生きることにあるのです。「天の御国」というのは「死んでから行く天国」というよりは「今ここにあり、永遠に続く神の支配」のことです。神に背を向け、神に反逆する生き方から、神に向き直り、神と正対する関係に入るとき、私たちは「神の支配」の下に戻り、幸福に生き始めるのです。
　残りの7つの幸いもこの枠組みで考えるとよくわかります。「悲しむ者」(5：4) は、神の前に自分の罪を悲しむ者。「柔和な者」(5：5) は、神に素直に従う者、「義に飢え渇く者」(5：6) は、神の御心の支配を切に求める者、「あわれみ深い者」(5：7) は、神の豊かなあわれみを受け、そのあわれみを他の人にも注ぐ者、「心のきよい者」(5：8) は、一心に神を求める者、「平和をつくる者」(5：9) は、神との間に平和を回復していただき、その平和を隣人との間に広げる者、「義のために迫害されている者」(5:10) は、迫害の中でも神との正しい関係にとどまる者のことです。幸いは神の支配に戻ることに始まります。そして、そこにとどまるなら、ますます増し加わっていくのです。

【左の頬も？】
　「山上の説教」には、難しいところもあります。たとえば、「しかし、わたしはあなたがたに言います。悪い者に手向かってはいけません。あなたの右の頬を打つような者には、左の頬も向けなさい」(5:39) というところ。これは、イギリスからインドを独立するために活躍したガンディーにも大きな影響を与え、その後世界の歴史を変えていく非暴力主義を生み出す原因となったと言われるところです。ではこの箇所は、自分や家族を

守るためであっても、いかなる場合でも戦うことは許されないと理解すべきなのでしょうか。もちろん、そんなことではないでしょう。あらゆる文章は、前後の文章とのつながりによって意味が決まります。聖書を読むときもそれは同じです。この文章の前には「『目には目で、歯には歯で』と

「八つの幸いの教会」（山上の垂訓教会）
山上の説教が語られたと思われるガリラヤ湖北端の
カペナウム近郊の丘に建てられています。

言われたのを、あなたがたは聞いています」（5：38）とあります。これは出エジプト記21章24節のことばです。元々は、際限なく報復がエスカレートすることをとどめるための教えでした。けれども、イエスは報復を断ちきるためには、愛が必要だと教えました。傷つきいらだちその怒りをぶつけてくる相手を、イエスのようにあわれみ、受け止める愛。覆っていやすことを願ってやまない愛を、イエスは求めたのでした。それは決して、救いのための必要条件ではありません。神の支配のもとに生きる者が、神から注がれた愛をあふれさせるようにして生きる、神の民にとってもっとも自然な生き方なのです。

【地上において完全は可能なのか】

「だから、あなたがたは、天の父が完全なように、完全でありなさい」（5：48）は、多くの人びとをたじろがせてきた箇所です。私たち人間には弱さがあり、限界があります。おたがい、よく知っている通りです。もし完全が、私たちの行為と言葉と思いの完全を意味するなら、それはとうてい不可能です。けれども、ここでも先立つ部分に注目することがたいせつです。「『自分の隣人を愛し、自分の敵を憎め』と言われたのを、あなたがたは聞いています」（5:43）から始まって、ずっと「愛」が語られています。つまり、

この「完全」は愛の完全。たとえ、行為と言葉と思いにおいて不完全であっても、今日可能な限りの愛を注ぎ出すなら、それが「完全」なのです。そして、6章には「主の祈り」と呼ばれる祈りが教えられています。

6：9 だから、こう祈りなさい。
『天にいます私たちの父よ。
御名があがめられますように。
6：10 御国が来ますように。
みこころが天で行われるように地でも行われますように。
6：11 私たちの日ごとの糧をきょうもお与えください。
6：12 私たちの負いめをお赦しください。
私たちも、私たちに負いめのある人たちを赦しました。
6：13 私たちを試みに会わせないで、悪からお救いください。』
〔国と力と栄えは、とこしえにあなたのものだからです。
アーメン。〕

12節に「私たちの負いめをお赦しください」とあります。完全な生き方とは、自分には罪がないと胸を張って生きることではありません。反対に、日々悔い改め、赦していただき、昨日よりも今日、今日よりも明日と、さらなる愛を注ぎ出すことを願って生きることなのです。

【ひとりではなく】

そして、「完全」を生きることは、決して自分ひとりではできません。もともと愛は相手がいなくては成り立ちません。さらに私たちの弱さは、たがいに戒め合い、とりなし合い、覆い合うことが欠かせないのです。教会とはまさにそのように愛し合う場所なのです。

コラム9　聖書の成立

　文字が発明される以前の時代を、先史時代と言いますが、聖書の最初の数巻はこの先史時代のできごとを記述したものです。したがって、これらは口頭で伝承されたものということになります。口伝だからといって不正確だということにはなりません。人が物語を伝承する能力には驚くべきものがあるのです。やがてこうした口頭伝承も文字になり、後には最初から文字で書かれたものも加えられました。これらの書き物は、石や粘土板、パピルスや皮などに記されました。

　それらの書き物の中から、時を経て、現在の39巻からなる旧約聖書が成立しました。旧約聖書はヘブル語で書かれていますが、ダニエル書、エズラ書、エレミヤ書の一部はそれぞれアラム語で書かれています。

　新約聖書の各巻は紀元100年ごろまでに書かれたものと考えられます。これらはギリシャ語で書かれています。福音書にはイエスの言葉やイエスについての目撃証言が含まれていますが、これらはアラム語からギリシャ語に翻訳されたものです。

旧約聖書イザヤ書の死海写本
(Dead Sea Scrolls
前3～後1世紀)

第8回　神の国の譬え

学びのポイント
・「譬え」とは何でしょうか。
・「神の国」とは、何でしょうか。
・「神の国」は、いつ実現するのでしょうか。

【イエスの譬え】

　イエス・キリストは多くの譬えを用いて語りました。当時のユダヤ教のラビたちも好んで譬えを用いていましたから、譬えはイエスの発明というわけではありません。それにもかかわらずイエスの譬えは独特なものです。それは、単なる「例え話」ではなく、地上的な事柄を通して「神の国」という未知の領域のことを洞察させるところです。イエスの譬えには三つの特徴があると言われます。

　（1）人となった神であるイエスは、人間の言葉で、人間の表現技術を用いて、人間に分かるように語った。二つか、三つのものを「対照」させたり、クライマックスを最後に持ってきたり、といったようにです。だから、譬えは私たちに理解可能なのです。

　（2）イエスの譬えは、人々との出会いの中で即興に語られました。今そこにある問題、それはつまるところは神の国と地上との摩擦なのですが、それと向き合う中で生まれたのです。だから、譬えは私たちにとって有益です。単なる知識の伝達手段ではないからです。

　（3）イエスはしばしば、「あなたがたはどう思うか」という言葉で譬えを語り始めました。それは、譬えを聞いた人々が、聞いたことを受け入れ、決断し、行動を起こすということが起こることを期待したからです。

だから譬えは、神の国の生き方へと招くのです。

【語られた譬え】

マタイ・マルコ・ルカの三つの福音書（共観福音書）に出て来る譬えを表にまとめてみました。24番から41番の譬えは、ルカの福音書だけに収められています。ヨハネの福音書には譬え的な表現はあるのですが、たいへん短い表現であることなどから共観福音書の「譬え」とは区別することも多いようです。今回はヨハネの福音書からもいくつかを「譬え」とみなしました（42番から48番）。

番号	譬えの内容	テーマ	マタイ	マルコ	ルカ
01	枡の下のあかり	神の国の生き方	5：14〜15	4：21〜22	8：16,11：33
02	家と土台	神の国の生き方	7：24〜27		6：47〜49
03	新しい布切れと古い服	神の国の生き方	9：16	2：21	5：36
04	新しいぶどう酒と古い皮袋	神の国の生き方	9：17	2：22	5：37〜38
05	種を撒く人	神の国への応答	13：3〜8	4：3〜20	8：5〜8
06	毒麦	神の国の完成	13：24〜30		
07	からし種	神の国の成長	13：31〜32	4：30〜32	13：18〜19
08	パン種	神の国の成長	13：33		13：20〜21
09	畑に隠してある宝	神の国の価値	13：44		
10	良い真珠	神の国の価値	13：45〜46		
11	魚を集める網	神の国の完成	13：47〜48		
12	迷い出た羊	神の国の生き方	18：12〜13		15：4〜6
13	仲間を赦さない家来	神の国の生き方	18：23〜34		
14	ぶどう園の労働者	神の国の恵み	20：1〜16		
15	二人の息子	神の国の生き方	21：28〜32		
16	ぶどう園と農夫	イスラエルと神の国	21：33〜41	12：1〜9	20：9〜16

第8回　神の国の譬え

番号	譬えの内容	テーマ	マタイ	マルコ	ルカ
17	婚宴	神の国の生き方	22：2〜14		
18	いちじくの木	神の国の完成	24：32〜33	13：28〜29	21：29〜31
19	十人のおとめ	神の国の完成・生き方	25：1〜13		
20	タラント	神の国の完成・生き方	25：14〜30		19：12〜27
21	羊と山羊を分ける	神の国の完成・生き方	25：31〜46		
22	種まきと収穫	神の国の成長		4：26〜29	
23	門番	神の国の完成・生き方		13：34〜36	
24	金を借りた二人の人	神の国の恵み・生き方			7：41〜43
25	良いサマリヤ人	神の国の生き方			10：30〜37
26	真夜中に訪ねて来る友人	神の国への応答			11：5〜8
27	愚かな金持ち	神の国の生き方			12：16〜21
28	目を覚ましている僕	神の国の完成・生き方			12：35〜40
29	忠実な管理人	神の国の完成・生き方			12：42〜48
30	閉じられた戸	神の国への応答			13：24〜30
31	実のならないいちじくの木	神の国の恵み			13：6〜9
32	婚宴の上席	神の国の生き方			14：7〜14
33	盛大な宴会	神の国への応答			14：16〜24
34	費用の計算	神の国への応答			14：28〜33
35	なくした銀貨	神の国の恵み			15：8〜10
36	放蕩息子	神の国の恵み・生き方			15：11〜32
37	不正な管理人	神の国の生き方			16：1〜8

番号	譬えの内容	テーマ	マタイ	マルコ	ルカ
38	金持ちとラザロ	神の国への応答			16：19〜31
39	主人と僕	神の国の生き方			17：7〜10
40	やもめと裁判官	神の国の完成			18：2〜5
41	パリサイ人と取税人	神の国の恵み・生き方			18：10〜14

番号	譬えの内容	テーマ	ヨハネ
42	思いのままに吹く風	神の国の恵み	3：8
43	種まきと刈り入れ	神の国の恵み・成長	4：35〜38
44	羊の囲い	神の国の恵み	10：1〜18
45	昼間の十二時間	神の国の生き方	11：9〜10
46	一粒の麦	神の国の生き方	12：24
47	イエスはぶどうの木	神の国の生き方	15：1〜8
48	子を産む苦しみ	神の国の恵み	16：20〜22

【神の国の譬え】

　私たちが招かれているという「神の国」とはいったい何でしょうか。譬えのもっともたいせつなポイントと、それに関係する譬えを見ていくことにしましょう。

　(1) 神の国は人間が作る国ではなく、神の力が歴史の中に働いて神の国をもたらし成長させる。(22番「種まきと収穫」)

　マルコの福音書4：26〜29を読んでいただきましょう。播かれた種は自然の力で成長します。同じように「神の国」は、人にはわからないうちに到来し、わからないうちに成長して、やがて実がなる「神の支配」

です。実がなるときには、だれもが「神の国」に気がつくことになります。これはイエスの降誕とともに、すでに神の国が始まっていること、やがてイエスの再臨のときには、だれもが神の国に気づくことになること。そして、今も、神の国は成長し続けていることを教えています。

(2) 神の国は、イエスの十字架によって豊かに実を結ぶ。(46番「一粒の麦」)

ヨハネの福音書12：24に、「まことに、まことに、あなたがたに告げます。一粒の麦がもし地に落ちて死ななければ、それは一つのままです。しかし、もし死ねば、豊かな実を結びます」とあります。人の罪によって歪んでしまった世界の中で、神の支配の成長は摩擦を呼び、犠牲を要求します。その犠牲を払ったのは、まずだれよりも神ご自身であったのです。

(3) 神の国へはただ神のあわれみによってのみ入ることができる。(41番「パリサイ人と取税人」)

ルカの福音書18：10～14を読んでいただきましょう。ローマのために税金（多くは不正な額）を取り立てていた取税人は、当時売国奴とみなされていました。一方でパリサイ人は人の目には罪のない者と思われていたかも知れませんが、その内面はごうまんで無慈悲な罪人でした。二人の罪人のうち、神が受け入れたのは、自分の罪を悲しんで赦しを乞うた取税人。ここに神の国はただ神のあわれみによって受け入れられる国であることが明らかにされています。

(4) 神の国を生きる者は、神のあわれみに似せられていく。(13番「仲間を赦さない家来」)

マタイの福音書18：23～34を読んでいただきます。何億円もの負債を赦された家来が、仲間に貸していた数万円の負債を赦さなかったとき、主人は、それに憤慨しました。これは、善行をしなければ滅びるという脅かしと受け取るべきではありません。仲間を赦さない家来の問題は、自分に対する神のあわれみが心に沁みていないことにあります。神の国で問われるのは、心です。愛することが出来ない縛りから、心が解き放た

れているかなのです。

（5）神の国は、すべての者に開かれている。入ることが出来ないのは、自ら拒む者だけである。(33番「盛大な宴会」)

ルカの福音書14：16〜24です。盛大な宴会に招かれた者たちは、みな招待を軽んじて、行こうとしません。彼らには、畑・牛・新婚の妻といった宴会よりもたいせつに思えるものがあったのです。この宴会は神の国、主人は神です。神は一度どころではなく、人々を今も招き続けるのですが、人々は来ようとしません。けれども、招きに応じるならばどのような罪人であっても受け入れられるのです。「滅び」と言いますが、神が滅ぼすのではありません。滅びる者は、自分で「滅び」を選び取るのです。

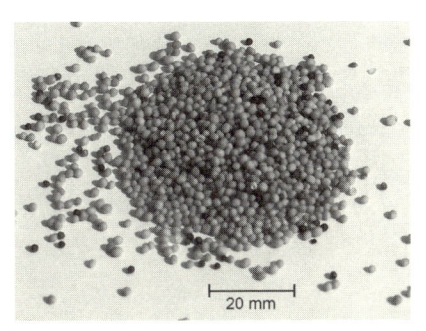

からし種 mustard seed

（6）神の国はやがて世界を覆う。(07番「からし種」)

マルコの福音書4：30〜32です。神の国は、成長してやがて世界を覆います。現在は、神の支配は、私たちの生活や世界のごく一部にしか及んでいないように見えます。けれども、やがてイエスが再臨するとき、世界は神の支配に入り、神の支配をあくまで拒む者は、世界からはみだすことになります。こうして、全世界に神のあわれみが及び、作られたものは、神を喜び楽しむことになるのです。

（7）神の国は応答を求める。(05番「種を播く人」)

第8回　神の国の譬え

　マルコの福音書4：3〜20。神の国に加わり、神の国で生きるためには、私たちの応答が必要であることが語られています。
　「道ばた」に落ちてすぐに奪われるのは、福音を儀礼的に聞く人。
　「岩地」に落ちたのは、感情的な快さを求める人。
　「いばらの中」は、半分しか身を入れていない人ですが、「良い地」は自分の全存在をもって受けとめ決断する人のことです。
　だから「良い地に蒔かれるとは、みことばを聞いて受け入れ、三十倍、六十倍、百倍の実を結ぶ人たち」（4：20）なのです。

フィンセント・ファン・ゴッホ
Vincent Willem van Gogh, 1853 〜 1890
種まく人

第9回　ペテロの生涯

学びのポイント
- ペテロとはどのような人物でしょうか。
- ペテロが岩と呼ばれたのはなぜでしょうか。
- ペテロはどのように成長したでしょうか。

【ペテロの生涯】

まず聖書から、ペテロの生涯を概観してみましょう。

できごと	ペテロの行動	聖書箇所
ペテロ（本名シモン）、イエスに出会う	ガリラヤ（ベツサイダ）の漁師。兄弟アンデレ、友人（おそらく、ヤコブとヨハネ）と共に、バプテスマのヨハネのもとに来て、イエスに出会う。	ヨハネ1：35〜42
イエスに招かれる	ガリラヤ湖畔カペナウムで、「わたしについて来なさい。あなたがたを、人間をとる漁師にしてあげよう」と招かれ、網を捨ててイエスに従う。	マタイ4：18〜20 マルコ1：16〜18
イエス、水上を歩く	ペテロも水上歩行を願い出るが、こわくなり、沈みかけ、イエスにつかまれる。	マタイ14：25-31

第9回　ペテロの生涯

イエスをメシヤと認める	ペテロ、「あなたは、生ける神の御子キリストです」と信仰告白。イエスから「この岩（ケパ、ギリシャ語でペトロス）の上にわたしの教会を建てる」と任命を受けるが、直ちに十字架をいさめ、「下がれ。サタン」と叱られる。	マタイ 16：13-23
イエス、山上の変貌	ペテロ、ヤコブ、ヨハネが目撃する。ペテロ、小屋を建てようと提案するが入れられない。	マタイ 17：1-13
イエスの十字架	ペテロ、三度イエスを知らないと言う。	マタイ 26：69-75
イエスの復活	ペテロ、最初に空の墓に入る。	ヨハネ 20：1-10
イエスの命令	「あなたはわたしを愛するか」と三度の問い。「わたしの羊を飼いなさい」と三度の命令。	ヨハネ 21：15-19
五旬節（ペンテコステ）での説教	ペテロ、「悔い改めなさい。そして、それぞれ罪を赦していただくために、イエス・キリストの名によってバプテスマを受けなさい」と語る。	使徒 2：14-47
神殿でのいやし	ペテロ、生まれつき足のなえた人をいやす。	使徒 3 章
当局の前で	ペテロとヨハネ、逮捕されるが語ることをやめず。	使徒 4：1-31
牢獄からの解放	使徒たちは逮捕・尋問されるが、彼らを解き放つ神の力を止めることはできない。	使徒 5 章、12 章

牢獄からの解放	（続き）ペテロは釈放され「ほかの所へ出て行った」（12：17）。	使徒5章、12章
サマリヤにて	ペテロとヨハネ、サマリヤのクリスチャンに聖霊を受けさせる。	使徒8：14～17
タビタのよみがえり	ペテロ、死者をよみがえらせる。	使徒9：32～43
ローマの百人隊長コルネリオを訪問	ペテロ、異邦人も救いにあずかっていることを認識する。これ以降、世界に福音が広がっていく。	使徒10章
エルサレム会議	救いは「信仰」のみによるのであって、割礼の有無には関係ないことが確認された。	使徒15：1～35
ペテロの死	ネロ帝の迫害下、逆さ十字架にかけられて殉教したとされる。AD67年か。	

【教会の土台】

　では、マタイの福音書16章13～23節を読んでみましょう。「あなたがたは、わたしをだれだと言いますか」（16：15）というイエスの問いに、ペテロが答えて言います。「あなたは、生ける神の御子キリストです」（16：16）。するとイエスが、「バルヨナ・シモン。あなたは幸いです。このことをあなたに明らかに示したのは人間ではなく、天にいますわたしの父です。ではわたしもあなたに言います。あなたはペテロです。わたしはこの岩の上にわたしの教会を建てます。ハデスの門もそれには打ち勝てません」（16：17～18）と宣言するのです。

　伝統的にローマ・カトリック教会は、このイエスの宣言をペテロを初

第9回　ペテロの生涯

代ローマ教皇に任命するものと考えてきました。ですから現在のフランシスコ教皇は266代。これはペテロを初代と数えてのことです。これに対して、プロテスタントは、イエスはこのペテロの信仰告白を教会の土台に据えたのだと考えます。それぞれに、もっともな根拠をもっているようです。

　けれども、イエスの復活後のペテロの働きは、さらに重大な意味での教会の土台としての役割を担うものでした。迫害といった教会の外からの問題を別にすれば、初代教会の内側に起こった最初の問題は、ギリシャ語を話すユダヤ人（ヘレニスト）とヘブル語を話すユダヤ人（ヘブライスト）との摩擦でした。使徒の働き6章には、「そのころ、弟子たちがふえるにつれて、ギリシャ語を使うユダヤ人たちが、ヘブル語を使うユダヤ人たちに対して苦情を申し立てた。彼らのうちのやもめたちが、毎日の配給でなおざりにされていたからである」（6:1）とあります。この問題は、単なる配給の問題ではありませんでした。ヘブライストは、イエス・キリストによる救いが全人類におよぶことを知っていながらも、それはユダヤ民族と切り離せないとする立場をとりました。エルサレム教会の指導者となった（主の兄弟）ヤコブはその代表です。彼らは、異邦人がイエス・キリストを受け入れたときに、割礼を受ける必要があるという主張に少なくともエルサレム会議（使徒15:12～21）までは、共感していたようです。それに対して、ヘレニストは、より大胆にユダヤ人の枠を越えて行こうとしていました。パウロやバルナバがそうです。

鍵を持つペテロ

そんな中で、ペテロはヘブライストとヘレニストの間を仲介するような位置にあったように思われます。ペテロは一方では、パウロから「ところが、ケパ（ペテロ）がアンテオケに来たとき、彼に非難すべきことがあったので、私は面と向かって抗議しました。なぜなら、彼は、ある人々がヤコブのところから来る前は異邦人といっしょに食事をしていたのに、その人々が来ると、割礼派の人々を恐れて、だんだんと異邦人から身を引き、離れて行ったからです」（ガラテヤ2：11～12）と言われています。けれども実際には、ペテロは、サマリヤ伝道やコルネリオへの宣教を通して、異邦人への宣教にも理解を重ねていました。パウロは、「ペテロにみわざをなして、割礼を受けた者への使徒となさった方が、私にもみわざをなして、異邦人への使徒としてくださった」（同2：8）とも言っています。確かにペテロは、エルサレム教会の指導者をヤコブに譲って、ユダヤから離れて住んでいるユダヤ人の宣教に力を注ぎます。けれども、行く先々で異邦人たちにも宣教を行ったこともまちがいないでしょう。ペテロが教会の土台となったのはまさにこの点においてでした。ヘブライストとヘレニストの摩擦の中に、まさに岩のように立ち、両者を一つに結びつけ続けたのでした。

逆さ十字架のペテロ

【成長する人ペテロ】

　それにつけても、ペテロの性格は、衝動的・熱狂的、そして臆病です。その生涯は愚かともみえる失敗の連続です。それにもかかわらず、イエス・キリストは彼を「岩」として作りあげました。どうも聖書の神さまには

好みがあるようです。それは、心を開いて神に正対する者。神はそういう人と共に働いて、ご自分の救いの計画を進めようとするようなのです。

　このことは、私たちの生き方にも大きな意味を持ちます。私たちはとかく、自分を卑下したり、逆に過信して果たすべき使命を果たし損ねることが多くあります。けれども、ペテロの失敗をも成功に変え、そうする中で、同時にペテロを岩として作り上げた神は、私たちにもおなじことができるのにちがいないのです。ペテロが書いたとされる「ペテロの手紙　第一」の冒頭の一句には、そんなペテロの晴れやかな喜びがあふれているようです。

　「あなたがたはイエス・キリストを見たことはないけれども愛しており、いま見てはいないけれども信じており、ことばに尽くすことのできない、栄えに満ちた喜びにおどっています。」(1：8)

コラム10　十二弟子

　イエスは十二人の弟子たちを選びました。それは、新しいいのちに生きる者たちが、愛し合う生活の中で成長するためでした。

名　前	記　事	シンボル
ペテロ（岩） （バルヨナ・シモン）	弟子たちのリーダー。ヤコブ、ヨハネとともにイエスのもっとも近くにいた３人。二つの手紙の著者。	カギ 逆さ十字架
ヤコブ （ゼベダイの子）	ヨハネの兄弟。二人は「雷の子」と呼ばれる激しい気性。使徒最初の殉教者。	剣とホタテ貝：遺体の運搬船の船底に付着していたという。

ヨハネ (ゼベダイの子)	イエスに愛された弟子。福音書、三つの手紙、黙示録の著者。	杯：毒杯を飲まされる迫害にも無傷であったという。	
アンデレ	ペテロの兄弟。ペテロをイエスのもとに連れて行った。	X字型十字架	
ピリポ	アンデレやペテロと同じベツサイダの漁師。最後の晩餐でイエスに「父を見せる」よう頼む。	パン 十字架	
マタイ (レビ)	取税人から転じてイエスに従った。マタイの福音書記者。	財布 書物・ペン・インク壺	
バルトロマイ	タルマイの子という意味。ナタナエルと同一人物であるとされる。	ナイフ：皮をはがれたという。	
トマス (双子の意、ギリシャ語ではデドモ)	疑い深いトマスとして知られる。伝承ではインドに宣教したとされる。	大工の定規：インドで教会を建てたという。槍も。	
小ヤコブ (アルパヨの子)	ほとんど何も知られていない。後のエルサレム教会の指導者で「主の兄弟ヤコブ」と呼ばれた「ヤコブの手紙」の著者とは別人。	司教杖 のこぎり	

第9回　ペテロの生涯

タダイ（ヤコブの子ユダ）	マタイのリストではタダイ。ルカ・使徒ではヤコブの子ユダ。ふたりは同一人物とされる。さらに、「ユダの手紙」の著者であるとされる主の兄弟ユダとは別人。	船：船で宣教旅行を行ったとされる。	
(熱心党員)シモン	熱心党とは、ローマを追い出そうとする革命団体。	魚：福音を語り人間をとる漁師	
イスカリオテのユダ	イエスを裏切り自ら命を断った。	財布	
マッテヤ	イスカリオテのユダの代わり。主の復活の証人となるため、くじで選ばれた（使徒1章）。	斧	

第10回　律法と福音

学びのポイント
・パウロとはどのような人物でしょうか。
・パウロの最大の敵は何であったのでしょうか。
・パウロが伝えた福音とは何であったのでしょうか。

【パウロの生涯】
まず聖書から、パウロの生涯を概観してみましょう。

できごと	パウロの行動	聖書箇所
紀元5年ごろ、誕生。本名サウロ	キリキヤのタルソ（いまのトルコ南岸）出身のユダヤ人（ベニヤミン族）。父はユダヤ人であったが、ローマの市民権を持っており、パウロもそれを受け継いだ。これはまれな特権。	ローマ11章 ピリピ3章 使徒22章
若年のころ(1)	教育を受けるためエルサレムへ。高名なラビ・ガマリエルに師事。父祖からの伝統を遵守するパリサイ派に属する。	使徒22章
若年のころ(2)	クリスチャン迫害に荷担。ステパノの石打ち刑にも立ち会う。	使徒7章
紀元34年ごろ、回心と召し	クリスチャンを捕らえるためにダマスコへ行く途中、目がくらむほどの光を見、イエスの「なぜわたしを迫害するのか」という声を聞いた。目が見えな	使徒の働きに3度記されている。

67

紀元34年ごろ、回心と召し	いままダマスコに到着し、そこでアナニヤというクリスチャンに目をふたたび見えるようにしてもらう（目からうろこの語源）。そこでバプテスマを受け、福音を宣教し始める。	9：3-19 22：3〜21 26：9〜18
その後、約3年間	アラビヤで伝道	ガラテヤ1：16〜17
ダマスコからエルサレムへの逃亡	暗殺の企てを知り、城壁からかごで吊り降ろされて逃れる。エルサレムへ。	使徒9：23〜25
エルサレム滞在	最初は信用されないが、バルナバが引き受けたので、受け入れられる。	使徒9：26〜28
エルサレムからタルソへ	別の暗殺の企てを知り、タルソへ逃れる。	使徒9：29〜30
タルソからアンテオケへ	バルナバにより、タルソから呼び出され、アンテオケでの働きに携わる。	使徒11：25〜26

この後は、『聖書は物語る 一年12回で聖書を読む本』（ヨベル、2014[2]）の97ページの年表をご参照ください。

【パウロの最大の敵】

　パウロの最大の敵。それは迫害者でもなければ、困難な宣教旅行でもありませんでした。それは、律法主義。最近では、律法やユダヤ教そのものに対する批判ではないことを示すために、戒律主義と呼ばれることがあるようです。ユダヤ人が守ってきた律法とは、神と共に歩く歩き方の教え。まず、出エジプトのできごとがあり、その後シナイ山での律法の授与がありました。よい行いをするよい人だから救われたのではありません。よい行いをすることができない人間を神が理由なく救ったのです。理由があるとするなら、それはただ一つ、神のあわれみです。そうして、救った後で、どうやったら神と共に歩いていくことができるかを教えた。それが、律法です。

　ところが、そこへ何度も何度も奇妙な錯覚が入りこんできます。それ

が律法主義です。人が神の民に加えられるためには、神のあわれみだけでは十分でないと考え始めるのです。それでは虫がよすぎる。もっと目に見え、手でつかめる何かが必要にちがいない。神が正しい神であるならば、罪人をそのままで、何の償いもさせないで、ただ

律法が与えられたシナイ山

赦して受け入れるというようなことがあるわけがない、そう思ってしまうのです。

　この誤解の原因は、神がどのような存在であるか、その人格を忘れることにあります。旧約聖書を通して、語り継がれている神の姿を思い出してみましょう。それは、イスラエルを覆うことを決してあきらめない神。イスラエルは、何度も何度も数えきれないほど、神とともに歩く道からはみ出していきました。けれども神は、何度も何度も何度もそれを覆っていく。自ら、もうここまでと設定した限界を、いとも簡単にはみ出して、あわれみ、赦し、覆う、そういう神です。そんな神が、人間に善行を救いの条件として要求することなどあり得ないことなのです。

　それにもかかわらず、パウロの時代ばかりでなく現代にいたるまで、この律法主義という病はくり返し教会を蝕んできました。その要因の一つは、私たちの「目に見えない不動のものをこの手に掴みたい」と思ってしまう弱さにあるようです。「これをすれば神に受け入れられる」というのも目に見える基準ですし、「これをすれば受け入れてくれる神」というのも目に見える不動のものと呼ぶことができるでしょう。それに比べると「どこまでもはみ出していく神のあわれみ」は、それが全部、神の側

第10回　律法と福音

にかかっているので、いかにも頼りなく思えます。でも、神のあわれみの不動さ、確かさは、人の認識の限界をはるかに越えています。だから、私たちには掴みかねるように思えるのです。

ここでパウロが書いた「ローマ人への手紙」の7章7〜13節を読みましょう。パウロは、律法は神と共に歩く歩き方を教える聖なる良いものであると正しく認識していました。ところが、かつてのパウロは、神のあわれみを忘れて、律法を見ていました。律法主義のワナに陥っていたのです。「それで私には、いのちに導くはずのこの戒めが、かえって死に導くものであることが、わかりました」（7：10）とあります。「戒め」とは、律法。律法を本来の目的とはちがう誤った用い方をしたために、かえって神から遠ざかるということが起こりました。その結果、パウロは律法に照らして他人を責め立て、律法を完全に守って救いをかちとるように自分を駆り立てたのです。惨めで不幸な人、それがかつてのパウロでした。パウロの最大の敵は、実はパウロの内なる敵だったのです。

【キリストにあるいのち】
　ところが、復活のキリストに出会ったパウロは、この敵、「律法主義」から解き放たれました。「ローマ人への手紙」の8章1節から4節を読みましょう。「なぜなら、キリスト・イエスにある、いのちの御霊の原理が、罪と死の原理から、あなたを解放したからです」（8：2）。他人を責め、自分を駆り立てる生き方から、神のあわれみの中で神と共に生きる生き方へと解放されたのでした。それは、パウロが神のあわれみを知ったことによって起こりました。十字架の上ですべての人の罪を覆った神であるイエス・キリスト。そのキリストが、迫害者であった自分を受け入れ、赦して、使徒としたことによって、どこまでもはみ出す神のあわれみを知ったのでした。

キリストもまた、その地上の生涯において、律法を破ったという非難にさらされていました。特に安息日に病人を癒したことなどが、問題になり

ました。マルコの福音書3章1-6節を読んでみましょう。イエスは、「安息日にしてよいのは、善を行うことなのか、それとも悪を行うことなのか。いのちを救うことなのか、それとも殺すことなのか」（3：4）と言っています。キリストにとっては、律法をまっとうするために、律法を破るということがあり得たのです。律法をまっとうするとは律法を機械的に守ることではなく、律法の心を生きること。

ルターの紋章

はみ出し続ける神のあわれみを自分のものとすることだったのです。

　パウロはこのことを知り、知ったばかりではなくこのあわれみを自分のものとしました。キリストにあらわれた神の愛、十字架にまで はみ出す神の愛がパウロをそのように変えたのです。神はただ真理を教えるだけではありません。実際に人を変えてしまうのです。愛で覆って、愛を体験させ、愛を注ぎ出す人に変えるのです。

　時を経た宗教改革者ルターは、パウロをもっとも深く理解した人のひとりであったと言えます。「ローマ人への手紙」の1章17節「なぜなら、福音のうちには神の義が啓示されていて、その義は、信仰に始まり信仰に進ませるからです。『義人は信仰によって生きる』と書いてあるとおりです」からは、とりわけ大きな影響を受けました。信仰とは、神への信頼。ルターは自らの行いによって義とされようとする生き方を捨てました。あわれみの神の腕の中

マルティン・ルター
Martin Luther, 1483 〜 1546

第 10 回　律法と福音

で、安んじて大胆に生きる道を選んだのでした。

「ルターの紋章」と呼ばれるものがあります。ルター家の先祖代々の紋章というわけではなく、ルターが自分の信仰を表すために考えたものです。まわりに「キリスト者の心臓は、十字架の下に置かれるときに脈打つ」と刻んであるそうです。神とともに歩くことは、律法への違反をくよくよと気にしながら歩く道ではありません。神を喜び、大胆に神と人とを愛する道です。それは、いのちの鼓動を輝かせる生き方であり、その道は死を超えてその向こうにまで続いています。いのちの鼓動は止まることがないのです。

> **コラム 11　ユダヤ教・キリスト教・イスラム教**
> 　受講者の方から、三つの唯一神教のちがいについてお尋ねがありましたので、まとめてみました。

	ユダヤ教	キリスト教	イスラム教
成立の過程	前21世紀　アブラハムの召し 前15世紀　律法（モーセ五書） 前63年　ローマの支配 ユダヤ戦争（紀元66年からの第一次と132年の第二次）	前5-6年イエスの降誕 紀元33年　教会の誕生	

成立の過程	の結果、世界へ離散。90年代 ヤムニア会議で正典決定	紀元313年 迫害の中止。やがて、ローマ唯一の公認宗教へ	紀元610年 ムハンマドの宣教開始 ユダヤ教・キリスト教と決別
信仰の対象	神（ヤハウェ）	神（三位一体の神）	神（アッラー）
聖　典	ヘブライ語聖書（内容は旧約聖書と同じ） タルムード（紀元200年ごろに成文化された口伝律法ミシュナに、ラビの解釈ゲマラが付され、400～500年に成立。生活のあらゆる場面の指針。）	旧約聖書 新約聖書	律法（モーセ五書） ダビデの詩篇 イエスの福音書 クルアーン（コーランとも。神を一人称で書く絶対的啓典として改変も翻訳も認められない。読誦法も厳格。）
教　義	神の民であるユダヤ人に加わることが救い。今も、メシアを待っている。	神の愛による創造、贖い、世界の完成。教理の基準は使徒信条とニカイア信条	六信と呼ばれる ①神（アッラー） ②天使 ③啓典 ④預言者（アダム以下28名） ⑤来世 ⑥神の予定（この世のできごとはすべて神に定められている）。

第10回　律法と福音

聖　地	エルサレム	—	マッカ（メッカ）・マディーナ（メディーナ）・エルサレムなど
ライフスタイル	安息日（金曜の日没から土曜の日没まで）の遵守。割礼。食事に関する戒律（コーシェル）。	日曜日に礼拝に集まり、洗礼や聖餐を行う。	五行と呼ばれる義務①信仰告白（アッラーは神。ムハンマドはアッラーの使徒）②礼拝（1日5回）③喜捨④断食（ラマダーン月の日の出から日没）⑤巡礼（マッカへ）
	エルサレムの嘆きの壁 Wailing Wall	明野キリスト教会	マッカ巡礼 正式名はマッカ・アル＝ムカッラマ Makkah al-Mukarramah

第11回　つまるところ、イエス・キリストとはだれなのか？

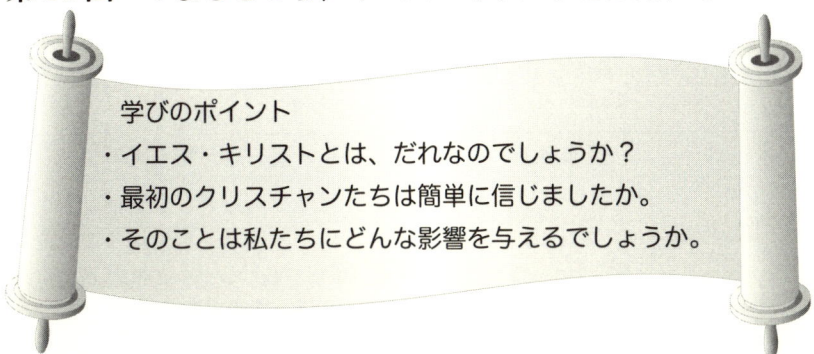

学びのポイント
・イエス・キリストとは、だれなのでしょうか？
・最初のクリスチャンたちは簡単に信じましたか。
・そのことは私たちにどんな影響を与えるでしょうか。

【信じられないこと】

　ここまで、2年近くごいっしょに聖書を読んできました。その中で気づかされるのは、聖書が腑に落ちるためには、やはり避けて通ることができない問いがあるということです。それは、「つまるところ、イエス・キリストとはだれなのか？」という問い。あるいは、「イエス・キリストは、神なのか、人なのか？」という問いです。興味深いのは、聖書がこの答を自明のこととして押しつけようとはしていないことです。むしろ、イエス・キリストを神だと信じることができない人々の困惑、そして彼らがじつにゆっくりとそこから変わっていくさまを描いています。神が人となって、この世界に来たことは、そんなに簡単に信じられることではありません。急ぐことなく、じっくりと聖書を検証していくべきなのです。

【困惑から礼拝へ】

　旧約聖書に親しんでいたユダヤ人にとって、神が人間の姿で現れたということは、全く認め難いことでした。他のどの民族よりもそうだったのです。例えば、ギリシャ神話であれば、神々はもともと人間の姿をしていて、結婚したり、子を生んだりします。けれども、旧約聖書の神は、唯一の神。人間から遠く離れた創造主であって、その像を作ることすら

第11回　つまるところ、イエス・キリストとはだれなのか？

禁じられている存在です。ユダヤ人たちにとっては、生まれたときから、神はただひとりの神であって、人間ではありません。だれか人間を神であるかのように言うことは、それがいかなる人間であっても、冒瀆以外の何ものでもありませんでした。

それにもかかわらず、新約聖書は大胆にも、イエスを神だと言います。

	聖書箇所	聖　句
イエスを「神」と呼ぶ箇所	ヨハネ1：1、14	初めに、ことばがあった。ことばは神とともにあった。ことば（ここではイエスを指す）は神であった。……ことばは人となって、私たちの間に住まわれた。
	ヨハネ20：28	トマスは答えてイエスに言った。「私の主。私の神。」
	使徒20：28	……聖霊は、神がご自身の血をもって買い取られた神の教会を牧させるために……
	Ⅱペテロ1：1	……私たちの神であり救い主であるイエス・キリストの……

イエスは「神」であるという以外にも、「神の子」という表現が出てきます。イエス・キリスト自身が、自分を「神の子」と呼んでいます。また神もイエスを「子」と呼んでいます。いくつか挙げてみましょう。

	聖書箇所	聖　句
イエスが自分を「神の子」と呼ぶ	ルカ22：70	彼らはみなで言った。「ではあなたは神の子ですか。」すると、イエスは彼らに「あなたがたの言うとおり、わたしはそれです。」と言われた。
	ヨハネ10：36	『わたしは神の子である。』とわたしが言ったからといって、どうしてあなたがたは、父が、聖であることを示して世に遣わした者について、『神を冒涜している。』と言うのですか。

イエスが自分を「神の子」と呼ぶ	ヨハネ 11：4	イエスはこれを聞いて、言われた。「この病気は死で終わるだけのものではなく、神の栄光のためのものです。神の子がそれによって栄光を受けるためです。」
イエスが神を「父」と呼ぶ	マタイ 11：25	そのとき、イエスはこう言われた。「天地の主であられる父よ。……」
	マタイ 24：36	ただし、その日、その時がいつであるかは、だれも知りません。天の御使いたちも子も知りません。ただ父だけが知っておられます。
神がイエスを「子」と呼ぶ	マルコ 1：11	そして天から声がした。「あなたは、わたしの愛する子、わたしはあなたを喜ぶ。」
	マルコ 9：7	そのとき雲がわき起こってその人々をおおい、雲の中から、「これは、わたしの愛する子である。彼の言うことを聞きなさい。」という声がした。

　現代の日本人は、「神」と「神の子」はちがうのではないか、という疑問をもちます。「イエスは神」というよりも「イエスは神の子」というほうが、問題が少ない表現ではないかと。けれどもユダヤ人にとって、「神の子」は決して問題が少ない表現ではありません。神が唯ひとりである以上、神の子は神と同一の存在であるはずです。ユダヤ人が「神の子」と呼ぶとき、それは限りなく「神」に等しい意味なのです。

　イエスは、「神」。だから神のみが行うことが出来るわざを行いました。ここでマルコの福音書2章5節から12節までを読みましょう。罪を赦すことできるのは神だけ、イエスはそれを行ったのです。他にもあります。

	聖書箇所	聖　句
罪を赦すこと	マルコ 2：10	人の子が地上で罪を赦す権威を持っていることを、あなたがたに知らせるために。

最後の審判	マタイ25：31〜33	……人の子はその栄光の位に着きます。そして、すべての国々の民が、その御前に集められます。彼は、羊飼いが羊と山羊とを分けるように、彼らをより分け、羊を自分の右に、山羊を左に置きます。
いのちを与えること	ヨハネ5：28〜29	このことに驚いてはなりません。墓の中にいる者がみな、子の声を聞いて出て来る時が来ます。善を行った者は、よみがえっていのちを受け、悪を行った者は、よみがえってさばきを受けるのです。

こうして、旧約聖書にくり返されたメシヤ（救い主）預言が、実現したことを人々は悟りました。神がこの世をあわれんで、罪と痛みの中から救い出すために、メシヤを送ってくださる。ユダヤ人がみな期待していたことが、ユダヤ人がほとんどだれも期待していなかった方法で実現しました。神は自分以外のだれかをメシヤに任命することでは満足しなかったのです。そして、なんと自分自身が、人となってこの世界に来たのです。あわれむために。愛して、覆うために。

イエスが神であることは、その復活によって決定的になりました。永遠から永遠まで存在する神が死んだままになっているはずはないからです。ほどなく、イエスを礼拝し、イエスに祈ることが始まりました。

	聖書箇所	聖句
イエスに祈る	使徒7：59	……ステパノは主を呼んで、こう言った。「主イエスよ。私の霊をお受けください。」
イエスを礼拝する	黙示録5：8	……二十四人の長老は、おのおの、立琴と、香のいっぱい入った金の鉢とを持って、小羊の前にひれ伏した。

やがて教会ではイエスが神の本質と権威を持っていることを表す賛美

歌や信条が作られました。それらが新約聖書に収められています。

	聖書箇所	聖　　句
初代教会の賛美歌	ピリピ2：6〜11	キリストは、神の御姿であられる方なのに、神のあり方を捨てることができないとは考えないで、(6節)……
	コロサイ1：15〜20	……万物は、御子によって造られ、御子のために造られたのです。御子は、万物よりも先に存在し、(16〜17節)……
初代教会の信条	ヘブル1：2〜3	……御子は神の栄光の輝き、また神の本質の完全な現われであり、その力あるみことばによって万物を保っておられます。……(3節)
	ヨハネ1：1〜18	……ことばは神であった。この方は、初めに神とともにおられた。すべてのものは、この方によって造られた。造られたもので、この方によらずにできたものは一つもない。(1〜3節)

【衝撃的な、あまりに衝撃的な】

　イギリスのC・S・ルイスの文章を少し引用しましょう。「ここであなたがたは、どっちを取るか決断しなければならない。この男は神の子であったし、今もそうだ、と考えるか、さもなければ、狂人もしくはもっと悪質なもの、と考えるか。彼を白痴（原文のママ）として監禁し、これにつばをはきかけ、悪鬼として打ち殺すか、さもなければ、彼の前にひれ伏して、これを主また神と呼ぶか。そのどちらを選ぶかは、あなたがたの自由である。しかし、彼を偉大な教師たる人間などと考えるおためごかしのナンセンスだけはやめようではないか。彼は、そんなふうに考える自由をわれわれに与えてはいないのだ。そんな考え方は、もともと彼の意図には含まれていなかったのである」（『キリスト教の精髄』〈柳生直行訳 1977年、新教出版社〉95-96ページより）。

第11回　つまるところ、イエス・キリストとはだれなのか？

　キリスト教は、やはりある意味で極端な宗教のようです。入り口はいろいろあるのだけれども、やがて、じょうごのように、人はみな狭い入り口に立たされることになります。「キリストは神であるのか、そうでないのか」。この問いにだれもが自分で結論を出さなくては、ならなくなるのです。キリストが神であって、人となって十字架に架かった。これはあまりにも衝撃的で、納得することも、信じることも突飛に思われることです。けれども、もしそれがほんとうであったなら、とんでもない大きなことが私たちの人生に起こることになるのです。罪からの自由が、神との交わりが、愛をもって覆い合う生活が、この世の生のみならず、死を超えて永遠に待ち受けているのですから。

> **コラム12　カトリックとプロテスタント**
> 　イエス・キリストは神。このことについてすべてのクリスチャンは一致しています。カトリックとプロテスタントのみならず、ギリシャ正教やロシア正教も同じです。けれどもやはり、見たところ、それぞれには大きなちがいがあるように見えますから、「カトリックとプロテスタントでは、どこが同じで、どこが違うのですか」とよく尋ねられます。以下に簡単に整理してみました。

	プロテスタント	カトリック	一致への模索
聖書と伝統の関係	人間の権威が聖書に取って代わることは許されない。	聖書だけでなく教会の伝統も大切。	聖書と伝統は切り離せない。聖書は伝統の中で形成され、その解釈と適用も伝統の中でなされてきた、として両方を重んじる方向。
教会の教え	信仰義認を聖書解釈の根本原則とす	教会は、恵みを伝達するだけではなく、	イエス・キリストのもたらした救いを

教会の教え	る。キリストのみが、神の恵みを仲介する。教会は、その恵みを伝達する。	自らも恵みを仲介する（信仰者は聖において成長することも強調）。	中心とすることに違いはない。義とされることと聖とされることは実際には分離できない。
教会の職制	すべての信仰者が、使徒の信仰を継承していると考える。教会は、福音の説教と聖礼典を十分な訓練を受けた牧師に委ねる。牧師はみな同列。結婚に制約はなく、女性牧師も多い。	位階制による職務の違いを強調。司教（使徒を継承する地域の中心、そのリーダーが教皇）・司祭（神父）・助祭（司祭の補助）の区別を重んじる。職位の使徒からの継承性を唱える。男性のみ。司祭以上は独身。	「全信徒祭司性」において違いはない。それぞれが異なる職制を用いているが、それを最大限に活用して、神に仕え、福音を語っている点で一致も協力もできる。
サクラメント	聖礼典と呼ぶ。洗礼・聖餐の２つ。「恵みの手段」（神の恵みが注がれる）か「信仰の表明」（聖礼典はシンボル）かによって分かれる。	秘跡と呼ぶ。洗礼、堅信、聖体（エウカリスチア）（聖餐と同じ）、ゆるし、病者の塗油、叙階、結婚の７つ。	洗礼や聖餐の相互承認に向かって進みつつある。
礼拝とミサ	「語られることば」、説教に重点を置いてきた。	「目に見えることば」、秘跡を重んじてきた。	礼拝はまず「神の奉仕」、神が人間に仕え、恵みを与えると考える点で共通。互いの長所を取り入れつつある。
信仰者の日常生活	祈るとき、形式を排し、主体性を重んじる。諸聖人や聖母マリアへの信心も排除している。	祈るとき、十字を切ったりして、目に見える形を重視。諸聖人や聖母マリアを信仰の先輩として尊敬し、とりな	信仰は同じだがその表し方に伝統がある。たがいに学び合うものは多い。

第11回　つまるところ、イエス・キリストとはだれなのか？

信仰者の日常生活	「主の祈り」を用いる。	しを願う。宗教改革が行き過ぎに警告したことは評価する。 「主の祈り」のほか、「アヴェ・マリアの祈り」や「お告げの祈り」を唱える。

※以上は『カトリックとプロテスタント　どこが同じで、どこが違うか』（徳善義和・百瀬文晃編 1998 年、教文館）を参考にしました。

【主の祈り】
天にまします我らの父よ。
ねがわくは御名(みな)をあがめさせたまえ。
御国(みくに)を来たらせたまえ。
みこころの天になるごとく、
地にもなさせたまえ。
我らの日用の糧(かて)を、今日(きょう)も与えたまえ。
我らに罪をおかす者を、我らがゆるすごとく、
我らの罪をもゆるしたまえ。
我らをこころみにあわせず、
悪より救いいだしたまえ。
国とちからと栄えとは、
限りなくなんじのものなればなり。
アーメン。

第12回　つまるところ、聖書とは何か？

学びのポイント
- 聖書は、だれが書いたのでしょうか。
- 聖書は、どのようにできあがったのでしょうか。
- 「聖書は神のことば」とは、どのような意味でしょうか。

【聖書の成立　神は人とともに】

多くの人が、聖書についてもっているイメージは、次のようなものではないでしょうか。だれか特別なひとりの人に神が信号を送り、その人は無意識のうちに自分では、意味もわからない言葉を書き写す。まるでタイプライターのように。実際に、自分たちの正典はそのようにして書かれたと主張する宗教もありますから、そう思うのも無理のないことかもしれません。

けれども、聖書はそのように書かれたのではありません。聖書の最古の部分と言われる、旧約聖書の最初の5巻は、伝統的には、それまでの口伝をモーセが文字にしたとされています。そうだとするとこの部分の成立は、紀元前15世紀ごろということになります。もっとも後に書かれた聖書はヨハネの黙示録、紀元1世紀。そうすると聖書は1600年ほどの間に、数十人の人の手によって書かれてきたことになります。

それは神さまが、ご自分の民とともに歩きながら、語り続けてきたからです。出エジプトのできごとを記憶することは、神の民の出発点でしたから、そこにいたる経緯とそこに現れた不思議は詳細に記録されてい

第12回 つまるところ、聖書とは何か？

ます。そして、出エジプトのできごとの後、神とともに歩く歩き方を教えるトーラーが与えられたことはいつもお話ししているとおりです。その中で、神を礼拝する心得、日常生活を健康で衛生的に過ごすための細やかな心得、そして男女の関係、親子の関係、隣人との関係を幸いなものにする覆い合う愛がくり返し語られます。

けれども、人は弱い存在です。教えられるだけでは、歩くことが出来ません。多くの模範例とさらに多くの失敗例が、ヨシュア記以下の歴史書には山盛りに記されていきます。ですから、これらの人々の歩き方が、記載されているものとは違ったものであったなら、聖書の内容は今とはちがったものとなっていたはずなのです。神さまが一瞬にしてひとりの人に閃きを与えたのではない理由がここにあります。大木の年輪のように、神さまが人と苦闘しながら歩くその過程が聖書を生み出したのです。

また、聖書は一方的な神さまからの教えというばかりではありません。神とともに歩く民は、ときに喜びの歌を歌い、またときには嘆きを口にします。例えば、詩篇はそのような人の言葉が聖書の一部になったもの。人のことばを神さまが取り上げてくださったのです。雅歌などは、さらに踏み込んだケースです。もともとは恋人たちの恋愛の歌を、神さまが取り上げて、ご自分と神の民との関係に当てはめてくださったのです。そんなことをなさるとき、神さまは微笑んでおられたのではないでしょうか。

もちろん、人と神さまの関係が破れるとき、神さまは大いに痛み、またお怒りになります。預言者たちを通して、厳しい、そして、切ない言葉を語り続けた神さまの思いは、これまで何度も語らせていただいてきました。そのような預言者のことばも、もしイスラエルが神さまとともに歩き通したなら、ちがった表現となっていたでしょう。あるいは、いくつかの預言書は書かれる必要がなくなっていたかもしれません。

ですから聖書は、イスラエルという神の民の歩みと切り離した形で書か

れたのではありません。神の民と歩むことを決意された神さまが、その紆余曲折の歩みのただ中で、リアルタイムで発信し続けた愛の手紙、それが聖書なのです。

こうして書き続けられた愛の手紙は、やがて新約聖書で、さらに驚くべき展開をみることになります。ヨハネの福音書1章1〜14節を読みましょう。イエス・キリストが「ことば」と表現されています。ことばとは思いを伝達するもの。ですから、ここに、神さまが愛の手紙に書き連ねたことばが、人となりました。神さまの愛のことばが、目に見える存在、語り、癒し、赦して、愛する存在となってこの世界に現れたのです。この究極の愛のことばであるイエス・キリストは、これ以上は不可能な愛の極みを描ききりました。十字架の上で自分を与えてしまったのです。

【聖書は神のことば】
聖書は神のことばだと言われます。それはいったいどういう意味なのでしょうか。ただひとつの意味があるというわけではないようです。

(1) 文字通りの神のことばの記録。
たとえば、十誡や福音書のイエス・キリストのことばなど。これらは神のことばをそのまま記録したものと言ってよいでしょう。
(2) もともとは人のことばであるが、神の承認によって神のことばとされたもの。
さきほどの雅歌や詩篇など。あるいは、神とその民の歴史の記録もこれにあたるでしょう。あるいは、パウロが「……のことについて、私は主の命令を受けてはいませんが、主のあわれみによって信頼できる者として、意見を述べます」(Iコリント7：25) と書いているところがあります。これもまた、パウロのことばを神さまが承認された例と言えます。ですから神さまは、さまざまな人々の個性を用いて、聖書を形作って来られたのです。人とともに働くことを好む神さまは、聖書の形成においてもそのスタイルを貫いておられるようです。

第12回　つまるところ、聖書とは何か？

　ですから、聖書は神のことばだというとき、それはかなりの幅のある意味をもっていると言えます。神が、その状況に応じて、人々の個性や環境を用いつつ、語りかける。けれども、それはとても柔軟に目的の達成を目ざすもの。その目的とは、人を神との愛の関係に導き入れ、その関係の中を歩ませることです。テモテへの手紙第二３章16節には、「聖書はすべて、神の霊感によるもので、教えと戒めと矯正と義の訓練とのために有益です」とあります。聖書はやはり、ただの人間のことばではありません。神が、現在の聖書を、聖書とすることを、承認されたとクリスチャンたちは考えているのです。

【聖書の読み方】
　多くの人は、生き方の模範として聖書を読もうとします。けれども、聖書の登場人物は、むしろ、模範にならないことが多いようです。神がそのような人々を愛して、覆い続ける、というところに、聖書は注目させようとしているように思えます。人々が何を行ったかよりも、神が人々をどう扱ったか。そして、神はどのように人との関係を結び、深めていくか、にカギがあるようです。聖書が書かれた目的も、神が、読む者たちと、関係を結び、その関係を深めるため。聖書はそんな関係に私たちを招く、神の呼び声です。神が人間に呼びかける声は、とてもへりくだった優しい声のように思えます。自分を鍛えて、努力して、神の声が聞こえるところまで、登って来いというのではなく、疲れ切った人々、自分で自分の存在を肯定することもできなくなってしまっている人々にも届く声です。

　そのような聖書は、どのように読むのがよいのでしょうか。先ほどは、聖書は神さまからの愛の手紙と言いました。私たちは、配偶者や恋人からのラブレターをどのように読むでしょうか。きっと行間までも読みとろうとするでしょう。なんとか愛のささやきを感じとろうと努めるはずです。これがほんとうに本人からの手紙であるのか、と疑ったり、文章

の誤りをいちいち指摘したりはしないはずです。こんなことを申し上げるのは、聖書を読むときに思考を停止するように、という意味ではありません。あくまで理性を用いて、冷静に読んでいただきたいのです。けれども、ただ理性だけというのではなく、感性や意思も含めた自分の存在全体で読む、それがもっとも聖書にふさわしい読み方でしょう。

　２年間にわたり、ごいっしょに聖書を読んで参りました。ここまでのご参加、ありがとうございました。最後に、イザヤ書の有名な一節を掲げて結びの言葉とさせていただきます。

　　だが、今、ヤコブよ。あなたを造り出した方、主はこう仰せられる。イスラエルよ。あなたを形造った方、主はこう仰せられる。「恐れるな。わたしがあなたを贖ったのだ。わたしはあなたの名を呼んだ。あなたはわたしのもの。あなたが水の中を過ぎるときも、わたしはあなたとともにおり、川を渡るときも、あなたは押し流されない。火の中を歩いても、あなたは焼かれず、炎はあなたに燃えつかない。わたしが、あなたの神、主、イスラエルの聖なる者、あなたの救い主であるからだ。わたしは、エジプトをあなたの身代金とし、クシュとセバをあなたの代わりとする。わたしの目には、あなたは高価で尊い。わたしはあなたを愛している。だからわたしは人をあなたの代わりにし、国民をあなたのいのちの代わりにするのだ。（イザヤ書43：1～4）

《豆知識》聖書の読み方について

久下倫生

　今の日本では、聖書はどこの本屋でも売っていますし、自由に買えます。誰もが簡単に手に取ることができるようになりましたので、いろんな人がいろんな読み方をします。もちろん、どのように読んでもいいのですが、もし聖書を単に古典としてだけでなく、信仰の書物として読むのなら、手引きが要ります。普通は聖書学者や教会の牧師がその任に当たることになりますが、それぞれに信仰の立場があって説明に大きな違いがあります。そこで、読むわたしたち自身が、まず初めにどのような姿勢で聖書を読んでいくかを考えておくことが必要になってきます。これはとても大切なことです。

　聖書の一番初めの書物、創世記の出だしを例にとって、どういうことかご一緒に考えてみましょう。聖書は、こう始まります。「初めに、神は天地を創造された」(新共同訳聖書)。この一文をどう理解するかで聖書の読み方が決まります。

　最初の立場は、この記述は歴史的な記録であり、ある特定の昔の出来事を語っているとする読み方です。おそらくこの記事が書かれてから以来、ほとんどの人はこの立場で理解してきました。例外はありますが、庶民にとっては何も問題のない「まともな」読みかたでした。ところが、近代になって、特に哲学と、考古学を含んだ歴史学の発達で、聖書の記述を、そのまま歴史的事実であると信じるのは無理があると分かってきました。そこでこの立場に固執すると、聖書に書かれていることは正しいはずだから、今の科学で理性に合わないとされても、科学には限界があるので、よくわからなく

ても、そのまま字義通り信じようとなります。この場合、疑い深い人は聖書をまともに読めなくなってしまいます。自分は「科学的に」物を考えるのだと自覚する人にとっては、聖書は神話としか考えられず、信ずべき書物として受け入れることは難しくなります。

　そういうつまずきを解決するために、聖書の記述を「信仰的に」「霊的に」読めばいいのではないかという立場があります。「神がはじめに天地を造られた」、これは歴史的事実ではないかも知れないが、何か特別な深い意味があるのだと、納得しながら読む方法です。ところが、聖書は、古代の文書で、最初の原稿は勿論、初版も残っておらず、写本もいろいろです。どの写本のどの翻訳を採用するかで、まれには意味が全く異なる場合もあります。また時代も文化も違う所での話で、しかも外国語で書かれています。解釈は困難です。わたしたちが読んでいる何種類かの日本語訳にさえ、少しずつ違いがありますが、もっと根本的なところで、神とはなにか、初めにとはいつか、天地とは宇宙の事か、それとも地球か、どうやって造られたのか、理解は全く各人各様です。想像のつばさを広げて読むしかありません。すると理解がどうしても心の感じ方になって恣意的になりますし、時に全く的外れな読み方も出てきます。

　そこで第三の立場として、聖書そのものが要求する読み方、聖書の側に立って読んでみるという立場が考えられます。「神が初めに……」という言葉を聖書の初めに置いた人、聖書をまとめた人、この書物を大切にし、わたしたちに伝えてくれた人の気持ちになって読む姿勢です。聖書を誰が書いたのかはよくわかりませんが、文書として編集した人については、ある程度分かっています。それは戦争に敗れ、国を失い、外国に捕虜になって連れて行かれた人とその子孫です。ものすごくつらい経験をした人です。想像できないほどの経験です。この人たちにとっては、世界はまるで悪魔が造ったと言ってもよかったのです。バビロンの河のほとりで国を思って泣

いた人たちです。神なんていないのだ、神なんて幻想だと思ったでしょう。ところが、そういう人々の中に、いや違う、悪魔でも戦勝国の偶像でもない、わたしたちの神が世界をお造りになったのだ、そしてこの世界にはその神がお造りになった秩序があるのだという信仰をもった人がいたのです。その人々が「神が初めに……」と書き記したとしたらどうでしょうか。どんなにつらい時でも、異国の土地でも、例外なく必ず朝が来て夜になる。この人たちは歴史の事実として天地創造を記録しようとしたのではありません。自分たちの生きている世界に意味があるのかと悩みました。出した答えが「意味はある」です。いずれ必ず神の最初の秩序がもう一度回復するはずだと確信しました。この様な聖書記者の立場に自らの身を置いて聖書を読むと、信仰の書として聖書を読めるようになります。

　著者の大頭眞一牧師は、どの立場をとる人にも有益な聖書の骨格を語ります。
　第一の立場の人には、「なにが最もたいせつなのか」と問いかけ、
　第二の立場の人には、「外してはならない解釈の枠組みがありますよ」と提案します。
　また、第三の立場の人には、「そこにある信仰の源を確認しましょう」と踏み込むのです。
　皆さんの読み方は、どういうものになるでしょうか。ぜひご自身の読みを確立してください。神の平和を祈ります。

（日本基督教団マラナ・タ教会牧師）

《豆知識》知恵文学について

森喜啓一

特　徴

　旧約聖書の知恵文学は、モーセ五書や、歴史書とは異なった独特の類型を持つもので、古代ヘブライ人の思想に基づいた神から与えられた知恵が凝縮されています。旧約聖書では、「箴言」、「ヨブ記」、「コヘレトの手紙」、「雅歌」と詩篇の一部、さらに外典（新共同訳聖書では「旧約聖書続編」）の「知恵の書」と「シラ書」がこの知恵文学に属するものとされています。知恵文学の特長は、他の旧約聖書書物がユダヤ的信仰を特徴づける唯一神の信仰、歴史の中に神の行為を実現する救済史観、イスラエルの選び、啓示、契約などの主題が知恵文学には見られないことです。それに代わって、人間一般に対する創造観に主眼が置かれています。これは、バビロニヤ、アラビア、メソポタミア、エジプト等の古代近東の知恵文学や神的宇宙的秩序思想の影響によるのではないかと考えられています。

著　者

　旧約聖書の中では、預言者や祭司と並んで、知恵者は独自の地位をもち、神の教えとしての知恵を説いたとされています。そのことは、エレミヤ書18：18の「祭司から律法が、賢者から助言が、予言者から御言葉が失われる事はない」という記述からも明らかです。このエレミヤ書18：18に記されている「賢者からの助言」とは賢者からの、謀、知識、訓戒、悟り、慎み等を説き、知恵はそれらと同じ意味をなします。しかし、初期の預言書では、知恵者は偽預言者などとして軽視されていたようです。それは、イザヤ書5：21「災いだ。自分の目には知者であり、うぬぼれて、賢いと思う

《豆知識》知恵文学について

ものは」やエレミヤ書8：9「賢者は恥を受けて、打ちのめされ、捕えられる」などの言葉から窺い知る事が出来ます。しかしながら、後期ユダヤ教においてはコヘレトの手紙や箴言、知恵の書が著されたように、知恵者も重視されるようになり、知恵文学自体も重要な地位を占めるようになりました。これにはユダヤ民族が経験した二度の捕囚の苦難が大きな影響を与えたのではないかと考えられます。

知恵とは
　知恵文学で語られている知恵は、おおまかに言って、人間の知恵と神の知恵に分ける事が出来ます。人間の知恵は、格言や隠喩などの形式によって表現され、生活する上での知恵や処世の知恵など、人が経験から得られた知恵が主ですが、これは人間が生きていく上での一種の原則として捉えることもできます。しかしそれでも、ヨブ記12：12「知恵は老いた者と共にあり、分別は長く生きた者とともにある」あるいは箴言23：11のように「彼らを贖う神は強く、彼らに代わってあなたと争われるであろう」などのように、単に日常生活の問題に対する実践的な知恵に留まらず、応報思想によって、人間が日々直面する困難や不条理に忍耐することで与えられる神からの報いなど、神が人間に約束した秩序をも語っています。
　一方、神の知恵は、人間の知恵と非常に対象的に描かれています。そして、天地創造の根幹を成す神の秩序として、知恵を神が聖書全体を通じて信仰者に与える賜物として語っているのです。箴言1：7の「主を恐れる事は知恵の初め」あるいは、ヨブ記28：28「主を畏れ敬うこと。それが知恵。悪を遠ざけること、それが分別」。その他、箴言9：10や、15：33、詩篇111：10などの記述にあるようにここでの知恵は「神を知る」、「信仰を知る」ことが知恵の主体であることを示唆しています。さらに、神の知恵は、人間の知恵の根源ですが、人間の知恵が実践的でありかつ有限であるのに対して、神の知恵は無限であり、超越的であることをも語っています。

例えば詩篇147：5「私たちの主は大いなる方、御力は強く、英知の御業は数知れない」とあるように、神の知恵に到達する道は計り知れなく、人間は自ら知恵を増し加えようとするのではなく、人間は、自らの傲慢な賢さを否定して神の前で謙虚に跪かなければならないと語ります。

知恵文学の普遍性

知恵文学思想は、新約聖書の時代においても、イエス・キリストとパウロへ深い影響を及ぼしました。コリント信徒への手紙一1：24に「ユダヤ人にはつまずかせるもの、異邦人にはおろかなものですが、ユダヤ人であろうがギリシア人であろうが、召された者には、神の力、神の知恵であるキリストを述べ伝えているのです」とあるように、パウロはキリストを神の知恵と呼んでいるのです。

このように、知恵文学思想はモーセ五書や歴史書等とは異なり、時間経過を排除した普遍的文学として現在にまで生き続け、私たちに神の知恵を説いているのです。

※このコラムでは、「新共同訳聖書」を使用しています。

（日本基督教団　鳳教会牧師）

あとがき

いかがでしたでしょうか。

　前著『聖書は物語る —— 一年12回で聖書を読む本』のあとがきにも書きましたように、この本でも聖書を貫いている語り口を感じとっていただくことを目標としました。それは、以下のようなことがらでした。

（1）聖書の中心テーマは、神と人との関係。創造、堕落、贖い、再臨もみなこの「関係」という文脈で読むときに意味を持つものとなる。

（2）聖書はいつも how（いかにして）ではなく、why（なぜ）を取り扱う。だから聖書を科学などの百科事典として見るのではなく、もっと大切な世界と人間の存在の意味や人生の目的を示すものとして読むべきである。

（3）にもかかわらず、聖書は抽象的な哲学書ではない。聖書には神と人との実際の関係の歴史が記されている。生きている神と生きている人との関係は特定の時間と場所に実際に足跡を残していくからであり、その足跡を見るとき、神の本質、人の本質、そして、両者の関係の本質が鮮やかになるからである。聖書はフィクションではなくドキュメンタリーである。

（4）神の本質とは愛である。裏切られても、見捨てることをしない忍耐強いあわれみの愛が神の本質である。この愛ゆえに神は創造し、贖い、世界を回復へと導く。

　この「神と人とのガチンコの関係」をいつも頭において、これからも聖書を読み続けていただきたいと思います。聖書はほんとうに面白いのですから。

　ひょっとすると、みなさんから「聖書は**さらにさらに物語る**」という

名前の本が来年あたり出るのか？　というご質問があるかもしれません。答えは今のところ、ノーです。明野キリスト教会の「一年12回で聖書を読む会」では、一年目は「聖書は物語る　一年12回で聖書を読む本」を、二年目はこの本をテキストとして用いているのですが、三年目は「マルコの福音書」そのものを読み始めているからです。

　その代わり、いま、私は「教会の物語」という本を書いています。これは、キリスト教会の2000年のドキドキするような歴史を描く企てです。「聖書は物語る」シリーズの続編です。なかなかたいへんですが、いろいろな先生たちの助けを借りながら、完成させたいと思っています。

　それでは、お元気で。神さまからの祝福がみなさんにありますように。またいつかお会いしましょう。

　もし「一年12回で聖書を読む会」を始めたいと願われる教会がありましたら、どうぞ遠慮なく明野キリスト教会 akeno@church.ne.jp までお問い合わせください。何かできることがあれば喜んでお手伝いさせていただきます。また「一年12回で聖書を読む会」のようすを YouTube で公開しています。明野キリスト教会ホームページ http：//church.ne.jp/akeno/ からご覧ください。

もう少し聖書を知りたい方のための読書リスト

【聖書】
　現行の主な日本語聖書は次の通りです。教会に行く予定がある方は、その教会で使っている聖書を選ぶのがよいでしょう。書店やアマゾンでも購入できますし、お近くの教会でも取り寄せて貰えるでしょう。

- 『口語訳聖書』（日本聖書協会）1954〜1955年に刊行。
- 『新改訳聖書』（新日本聖書刊行会）1970年初版。現行の第三版は2003年刊行。本書で用いているのは、この第三版です。
- 『新共同訳聖書』（日本聖書協会）1987年初版刊行。カトリックとプロテスタントの共同訳。

　英語にも多くの訳があります（日本聖書協会の聖書カタログには入手可能な外国語聖書のリストが掲載されています）。
　"New Rivised Standard Version" や "New International Version" が一般的でしょう。

【スタディ・バイブル】
　聖書に注釈や資料を加えたものが「スタディ・バイブル」。少し高価ですが、なかなか役に立ちます。

- 『バイブル・ナビ　聖書　新改訳　解説・適用付』（いのちのことば社、2011年）新改訳聖書のスタディ・バイブル。『バイブル・ナビ　ディボーショナル聖書注解』（いのちのことば社、2014年）というのは別物ですので、ご注意を。
- 『聖書スタディ版 改訂版』（日本聖書協会、2014年）新共同訳聖書のスタディ・バイブルです。

【聖書辞典】
聖書のわからない言葉や事項を調べるときに。

・『新聖書辞典　新装版』（いのちのことば社、2014年）新改訳聖書に準拠していますが、口語訳・新共同訳の読者にも配慮されています。
・『小型版　新共同訳　聖書辞典』（キリスト新聞社、1997年）口語訳の読者にも配慮されています。

【その他の参考資料】
・『バイブル・ワールド――地図でめぐる聖書』（いのちのことば社、2013年）地図とイラストで、聖書の世界が紹介されています。翻訳もの。
・『カラー新聖書ガイドブック』（いのちのことば社、2010年）世界で300万部売れたそうです。翻訳もの。写真やイラストがたくさん載っています。
・『イラスト早わかり聖書ガイドブック』（いのちのことば社、2008年）子どもにもわかる聖書各巻のガイドです。翻訳もの。
・『はじめて読む人のための聖書ガイド――聖書新共同訳準拠』（日本聖書協会、2012年）各書の特徴、執筆目的、背景、構成をわかりやすく解説、読むときのポイントが一目でわかる。コラムも多数。略年表、地図付き。

【入門編】
・『新約聖書よもやま話』伊藤明生著（いのちのことば社、2008年）新約聖書の専門家がざっくばらんに語るわかりやすく、おもしろい入門書です。
・『旧約聖書あと一歩』石黒則年著（キリスト新聞社、2011年）こちらは旧約聖書の専門家。旧約聖書のヘソのようなところをもう一歩わからせてくれます。
・『新約聖書入門―心の糧を求める人へ』三浦綾子著（光文社文庫、1984年）著者の経験を通して語るとてもわかりやすい入門書です。Kindle版もあり。
・『旧約聖書入門―光と愛を求めて』三浦綾子著（光文社文庫、1984年）これもとてもわかりやすい入門書です。Kindle版もあり。

もう少し聖書を知りたい方のための読書リスト

・『イエス・キリストの生涯』三浦綾子著（講談社文庫、1987 年）ラファエロ、レンブラントなど世界の名画 44 点と、エッセーでたどる「キリストの生涯」。
・『ナウエンと読む福音書』ヘンリ・ナウエン著・小渕春夫訳（あめんどう、2008 年）オランダ出身のカトリック司祭で著述家のナウエンがひもとく福音。深くあじわいのある一書です。
・『パウロ　ギリシア・ローマ世界を生きた使徒』岩上敬人著（いのちのことば社・2014 年）使徒パウロの生涯をわかりやすく語るかっこうの入門書です。特に新約聖書が書かれた 1 世紀のパレスチナの背景がよくわかります。

※このリストの作成には、飯田勝彦牧師（日本イエス・キリスト教団・幌向小羊教会）と森喜啓一牧師にも協力していただきました。

大頭 眞一（おおず・しんいち）
1960 年神戸市生まれ。北海道大学経済学部卒業後、三菱重工に勤務。英国マンチェスターのナザレン・セオロジカル・カレッジ（BA、MA）と関西聖書神学校で学ぶ。
日本イエス・キリスト教団香登教会伝道師・副牧師を経て、現在、京都府八幡市の明野キリスト教会牧師、関西聖書神学校講師。

主な著訳書：
『聖書はさらに物語る　一年 12 回で聖書を読む本』（2015）
『聖書は物語る　一年 12 回で聖書を読む本』（2013、2015^3）
マイケル・ロダール『神の物語』（日本聖化協力会出版委員会、2011、2012^2）

聖書はさらに物語る　一年 12 回で聖書を読む本

2015 年 2 月 20 日　第 1 版第 1 刷発行
2016 年 1 月 20 日　第 2 版第 1 刷発行

著　者 —— 大頭眞一
発行者 —— 安田正人
発行所 —— 株式会社ヨベル　YOBEL、Inc.
〒 113-0033 東京都文京区本郷 4-1-1　菊花ビル 5F
TEL03-3818-4851　FAX03-3818-4858
e-mail：info@yobel.co.jp

DTP・印刷 —— 株式会社ヨベル
装丁 —— ロゴスデザイン：長尾 優

定価は表紙に表示してあります。
本書の無断複写（コピー）は著作権法上での例外を除き、禁じられています。
落丁本・乱丁本は小社宛にお送りください。
送料小社負担にてお取り替えいたします。

配給元 —日本キリスト教書販売株式会社（日キ販）
〒 162 - 0814　東京都新宿区新小川町 9 -1
振替 00130-3-60976　Tel 03-3260-5670

©Shinichi Ozu 2015, Printed in Japan　ISBN978-4-90748619-8 C0016

聖書新改訳 ©1970, 1978, 2003 新日本聖書刊行会

【書評再録】本のひろば 2014. 3月号

聖書を一続きの物語として捕らえ、一貫する世界観を提示！

大頭眞一著
聖書は物語る　一年12回で聖書を読む本
A5判・112頁・本体1,100円＋税
ISBN978-4-946565-84-7 C0016

評者：正木牧人師（まさきまきと）（神戸ルーテル神学校校長）

　大頭眞一氏の「聖書は物語る：一年12回で聖書を読む本」はヨベル社から2013年11月に出版されたA5判112ページのハンディなペーパーバックである。ぱらぱらとめくってみると絵や図表が多い。読んでみると12の章立ても小見出しも明快で文章も非常に読みやすい。

　大頭氏はクリスチャンでない方を対象に希望者を公募して、牧師をつとめる明野キリスト教会で毎月一度土曜日の午前中に本書を用いて学びの会を主催しておられる。本書出版にあたって同会の参加者や教会の方々の意見を反映したとのこと、読みやすさに磨きがかかっている。

　本書の読みやすさは聖書を一続きの物語として捕らえ、一貫する世界観を提示していることにある。大頭氏はかつて英国留学に際して生涯の出会いを得た『神の物語』という書物を、著者のマイケル・ロダール氏と密接に連絡を取りながら十年がかりで和訳し2011年に出版している。これもお勧めしたい良書である。ロダール氏は聖書の記事の歴史的信憑性に確信を持ちつつも、神という主人公と人類史という筋を持つ神学的物語として聖書を読み解く。

さて、大頭氏は橋爪・大澤両氏による『ふしぎなキリスト教』がベストセラーになったことに啓発されたという。日本人は一神教に躓き、ユダヤ民族の歴史に距離感を感じ、復活や奇蹟などに違和感を持つのに、聖書やキリスト教に興味はある。社会や生活の矛盾と苦しみに耐えながら心の絆、活躍の機会、自分の居場所を探す現代人が聖書に興味を持っている。

　ただし、何かに縛られてしまうことには警戒している。押しつけがましく神認識や罪認識を熱心に迫ると、人々はどこかへ避難をしてしまう。かといって福音の躓きを恐れて聖書を伝えるのをやめて単なる友達作りで伝道している気になっていると、教会は社交クラブになってしまう。

　その点、聖書の基本的教えを物語として教える大頭氏の学びの会の試みは興味深い。牧師として聖書の手引きを申し出ることで大頭氏は人々の信頼を得た。ただしく、また愛にあふれる人格神に出会う機会の少ない日本人には、カルチャーセンターではなく教会で、大学教授ではなく牧師が一般向けの学びの会を開催することの意義は大きい。

　学びの会のテキストとしての本書は資料の面でもアプローチの工夫の面でも絶大な価値をもっている。聖書の「神の物語」が整理されている。旧約聖書から天地創造、アダムとその妻、族長たち、出エジプトと十戒、王と神殿、預言者、メシア、詩と知恵文学と進み、第9回から新約聖書のキリストの誕生、十字架と復活、教会の誕生、終わりのことがらへと進む。

　また、日本人が陥りやすい科学的世界観との衝突を避けるための工夫もある。天地創造、キリストの復活、終わりのことのところなどでこの手法を駆使している。聖書は出来事がどう起こったかというHowを問わず、むしろ世界と人間の存在意味や目的などのWhyを取り扱っていることに注目する。

　あるユダヤ人向けヘブル語聖書の巻末特集に、新約聖書に成就した旧約聖書の預言の一覧表があった。本書7章にも来たるべきメシアの預言とその成就のリストがあり重宝する。

　「物語」は力である。「神と人とのガチンコの関係」と著者の言うように、

神が人に向き合う聖書の「物語」は読者を巻き込む。主人公である神が読者である私たちに出会う。その中心は十字架と復活だ。キリストの十字架は人の罪を身代わりになって償い、罪による破れ、束縛、病いを和解、解放、治癒によって終わらせる。「物語」は人に復活の命を与える。

本書の用い方を考えてみた。牧師が一般の人々に案内し教える。牧師が自分の学びのために用いる。神学校などの教材としては本書はちょうど１学期間で学べるよい長さだ。夫婦で学ぶ。高校生に教養として教える。大学生のサークルで学べる。教会学校の先生が聖書全体の流れを本書で把握するのもよい。

『聖書は物語る』を手に取った方々が本書を用いて聖書の学びを深め、草の根運動のように様々なところで学びが始まったら、教会が、日本が、世界が、かわる。

+++++ * +++++ * +++++ * +++++

【エッセイ再録】本のひろば 2014. 2月号

「ギリシャ人にはギリシャ人のように」

大頭眞一（おおずしんいち）

　長らく家族の中でただひとりキリストを受け入れなかった私にとって、日本人の中にある「福音」に対する抵抗はとても身近なものです。自身の経験的傾向をいくつか挙げると、①少しでも押しつけがましさを感じると逃げ出す②感情を煽られることを嫌う③何でも疑う④でも活字は好き、となります。

　このタイプの人はそもそも求道者になることさえ避けますから、教会の中ではあまり見かけることがありません。裏を返せばここに伝道ができ

れば宣教の可能性が広がることになります。そのために私の仕える明野キリスト教会では一昨年（2013）から、「一年12回で聖書を読む会」を始めました。ひとつのきっかけは『ふしぎなキリスト教』のヒットです。人々はキリスト教に関心を持っています。だから、教会に足を踏み入れることを妨げる要因を取り除くことを考えればよいのではと思った訳です。そこで、チラシに①どのような「立場・信仰を持っていても参加でき、信仰を押しつけるようなことは決してない」と明記し②参加費は無料③講師は聖書の専門家（赤面ものですが）であることに加え④「日野原重明先生の推薦のことば」を掲載しました。

　すると近隣から13名もの参加者があり、一年間のコースを全うされただけではなく、そのうちの10名はさらに学びたいと願われ、今年10月から二年目に入られています。今回からの新たな受講者は3名おられます。

　会は月1回、土曜日の午前10時30分から正午までの90分間。もちろん12回で聖書が全部読めるわけではありませんが、1章だけを選んで朗読し、その後テキストを用いて解説します。その際、

　①聖書の背骨にあたる「神と人との間の愛し合う関係」に焦点をあてる。
　②議論はしない。例えば創造論対進化論のような対立図式を設けず、聖書が語るのは「神は人を愛し、人から愛されるために人を創造した」ことであるとして、いつも速やかに「愛の関係」のポイントに戻る。
　③キリスト教会が冒してきた過ちについても進んで率直に語る。
　④震災や原発といった時事問題を取り上げ、聖書からの洞察を語るが断定しない。
　⑤一方でその場の雰囲気によっては私の個人的な経験を踏み込んで話す。

　この学びの最大の特徴は、神学による伝道であるという点です。よい神学には伝道のための力が備わっていると考えるからです。私の神学を形づくっているのは、マイケル・ロダール著『神の物語』（拙訳・日本聖化

協力会出版委員会・2012 年第 2 刷）です。物語の神学の流れに立った神学校一年生向けの入門書です。そこにある聖霊による神人協働説や神の痛みの神学の切り口に加え、救済論を刑罰代償説に限定せず広く東方教会にまで遡る客観性は、『ふしぎなキリスト教』を手に取るような人々（すなわち私の周りに住む人々）に訴えるものがあるようです。

　明野キリスト教会のホームページをご覧になったヨベルの安田社長が声をかけてくださってこのテキストが本になったのが、『聖書は物語る　一年 12 回で聖書を読む本』です。タイトルには特にお願いして「一年 12 回で聖書を読む」という言葉を残していただきました。それは、この本を何よりも伝道テキストとして用いていきたいからです。「何でも疑う」かつての私のような求道者以前の未信者にとって市販されている本はひとつの信用になります。例えば信者の奥さんが、教会に来ないご主人にこの本をプレゼントして、「読んでみてよかったら『聖書を読む会』に出てみない」と誘うことも可能です。

　この試みが有効かどうか、ごいっしょに取り組んでくださる教会があればと願っています。そうすることによって、さまざまな経験を共有でき、改善していくことができるでしょう。人は一人で働くように造られてはいない、このことを私は、聖書とロダールから学びました。
　ただしこの試みには即効性はありません。求道者以前の未信者が相手だからです。相手の人格を認め、じっくりと対話を続ける忍耐と熱意が必要だと思います。

【書評再録】本のひろば 2015. 6月号

聖書を「神の物語」と捕らえ、
私共の人生の四季折々に
介入してくださる御方として紹介！

大頭眞一著
聖書はさらに物語る
一年12回で聖書を読む本
A5判・104頁・本体1,100円＋税
ISBN978-4-907486-19-8 C0016

評者：**工藤信夫師**（精神科医・平安女学院名誉教授）

　出版業界の不況・不振が伝えられる中、キリスト教界の出版がいつ途切れるのだろうかと懸念している人々は決して少なくないだろうが、幸いなことに関係者の必死な努力によって、聖書にまつわるかなりの数の本が出版されている。しかしその多くは出ては版を重ねることもなく消えていく。この現象は果たして何を意味するのだろうか。果たしてその内容は真に人々の心に届いているのだろうか。出版社は読者のニーズに応えているのだろうか。誰もが聖書に興味を持っているだろうに。
　この本の冒頭に面白い一文が載っている。
　『(旧約・新約)聖書を知っていますか』(新潮文庫)を書いた小説家阿刀田高氏が出版の動機を「クリスチャンが書いた聖書の本はたいていおもしろくない。聖書を売り込み、信者をふやそうという下心に満ちている。私たちが知りたいというのは聖書がどういう書物かという知識なのだ(以下略)」
　おもしろい指摘である。
　というのも人間はいくら正しい知識が提供されて正論を説かれても、そのように生き得ない存在であるし、むしろ知識や正論が人を高慢にし優越

感や裁き心に導くことさえあるからである。

　いや、時にそれは律法となって人を開放するどころか、人を苦しめることさえあるからである。

　40代、約十年に渡ってP・トゥルニエを読む会を主催してみておもしろいことに気づいた。

　毎回レポート提出が課せられるこの学び会で参加者が一番多く反応したテキストは『生の冒険』(ヨルダン社)であったことである。

　この会の参加者は私共に与えられた生が神の冒険であるというトゥルニエの視点に驚き、かつ元気を得たのである。

　もしかしたらこれまでキリスト教界の多くの出版物は人を教え導く律法主義的なニュアンスが多すぎ、多様性に満ちた人間というもの、また人生というものの躍動を平坦化形式化してきたのではないだろうか。

　この点、本書は聖書を「神の物語」と捕らえて、この関係性の中で人は生き得ることを意図していることは興味深いことである。これは最近様々な立場の人が「聖書物語」を様々な角度から書き始めている事実と照らし合わせると、聖書に記された出来事は今の私共の人生に介入し"見えざる道連れ"、その伴走者・同労者であると主張したP・トゥルニエの『人生の四季』(p.149：ヨルダン社)と符合しておもしろい視点である。

　聖書を「神の物語」と捕らえ、私共の人生の四季折々に"私共に語りかけ、私共の人生に介入してくださる御方"として紹介してくださった大頭眞一氏の御労に深く敬意を表す次第である。

　本書の活用に関しておもしろい実例を一つ紹介してみたいと思う。

　大手企業を定年退職された方が夜間の神学校に学び、聖書を一般の人々に伝えたいと思ったものの、それをどういう形にしたらいいものかと模索しておられたが、その方はネットで本書の副題である"一年12回で学ぶ聖書の物語"を探り当て、市の公民館の一室を借りることにした。するとおもしろいことに、キリスト教に興味がありながら教会には足を運べなかった方々が、初年度で4、5人やってきたという。

　色々考えさせられるエピソードである。

　もしかしたら人々は今日でも恐らく世界中のベストセラーである聖書を

知りたい、読みたいと願っているのかもしれない。にもかかわらず"これまでのキリスト教"、はなにか人々のニーズに応えかねているのではないだろうか。これは恐らく見えざるキリスト教、またキリスト教界の大きな課題の一つに違いない。

　大頭氏の今後に期待する次第である。

＋＋＋＋＋ ＊ ＋＋＋＋＋ ＊ ＋＋＋＋＋ ＊ ＋＋＋＋＋

《現場からのレポート》
T教会における一つの試み

1．はじめに

　T教会が近くの公民館を会場に、「一年12回で聖書を読む会」を始めて9月で一年が終了しました。

　10月からは、同じ聖書を読む会（1年生向け）を初めての方向けに継続するとともに、2年目の方を対象に「聖書はさらに物語る」クラスを開設しています。

　「地域の方々に福音を」と願って、教会から出て公共の施設で「聖書の学び会」を開催することに、多少の不安を感じながらスタートしたこの学び会でしたが、ここまで守り導かれたことを主に感謝するとともに、大頭先生はじめ「一年12回で聖書を読む会の会」のグループの皆様のご指導と励ましに大きく支えられたことを思い感謝いたします。

　この機会にここまでの歩みを振り返り、今後の進め方への示唆、改善点が得られればと願っております。

2．当教会における地域伝道の課題と方策

　当教会では地域への伝道活動として、これまで教会新聞「T」を年2回、8,000部を周辺地域に新聞折り込みで配布し、また地域向け特別集会等を随時開催（クリスマス、イースター等）してまいりました。

教会自体は住宅地の中にあり、バス道路にも面し、近くに女子高、県立高校もあり、地の利に恵まれていますが、地域との接触、結びつきの面で、いまひとつ浸透しきれてないという課題がありました。
　また月２回礼拝後、地域の方々に向けて開催していた「聖書の学び会」も、現実は教会員のみの学び会であり、このため地域の方々との接点を何とか求めていきたいと願っていました。
　一方、教会から２～３分のところに公民館があり、そこではいろいろな催し、歌、踊り、語学などの学習会等が開かれ、多くの人が集っているという現状がありました。公民館の建物も広く、地域の人々の憩いの場所として大いに機能しています。

　昨年の教会信徒会で、「地域伝道」について話し合うなかで、一つの仮説を立ててみました。
　「人々はキリスト教、聖書には関心を持っている。聖書には何が書いてあるか知りたい。しかし信仰を押し付けられることを嫌う。取り込まれることを警戒する気持ちがある。それが教会の敷居を高く感じさせているのではないか。関心はあるが躊躇しているのではないか。」と想定し、そのうえで次のような方策を取ることにいたしました。

（１）教会の敷居を超える　→　公民館での「聖書の学び会」の開催。
　「敷居が高い」のであれば、こちらから公共の場所に出て行き、「学習会」の一つとして聖書の学び会ができないか。
　・警戒心を解き、まずは聖書に触れていただきたい。
　・聖書が何を語っているのか、神が何を仰っているのかを知ってもらいたい。
　そこで公民館に打診したところ、宣教活動ではなく、「学習会」というジャンルであればOKであるとの回答を得ました。
　ただし、ものみの塔、統一教会等の影響と思いますが、「参加者の自宅への訪問、電話等で苦情が出るようなら止めていただく」とのことでした。
　こうしてまず、地域との接点として、場所・会場の問題をクリアしま

した。(ただし、地域へのチラシ配布は出来ないため、広報手段は公民館の掲示板と教会員による紹介が中心となりました)

　次に、学ぶ内容について
　(2) 聖書を学ぶ上での良い教材との出会い　→　「一年12回で聖書を読む会」を紹介され、『聖書は物語る』をテキストとして採用。

　京都府八幡市の明野キリスト教会(日本イエス・キリスト教団)で大頭眞一先生が実施されている「一年12回で聖書を読む会」の活動を紹介されました。
　大頭先生のエッセイ「ギリシャ人にはギリシャ人のように」(『本のひろば』の記事：本書102頁に掲載)を読み、その着眼点に共感、早速先生にお会いしご指導をお願いしました。
　その後今日まで、多くの局面で助けていただいています。

3．学び会の重点　→　まずは聖書に触れる。神様の愛に触れる。

　聖書は何を物語っているのか、神様は何を仰っているのかを知る。
　そして聖書の神様はどのようなお方なのかを知っていただく。神様との人格的な交わりを通して知っていただく。聖書の物語を通して、神様の愛を知る。
　昨年、雑誌『百万人の福音』で、姜尚中氏(カンサンジュン)が言われていた言葉が心に残りました。

　　「僕はキリスト教の神学について素養も何もありませんが、一言で言うと愛に尽きると思う。聖書にあるように、愛がなければ何も残らない。
　　愛とは何なのかということが、ずっと僕の今後のテーマでしょうし、やっぱりそれしかありません。愛を最後の拠り所としていく信仰というのがキリスト教なんだと。
　　今、世の中を見ると、多くの人がむなしさを感じている。愛から見捨てられているという意識を多くの人が持っています。
　　むなしさから、いかにして愛に目覚めていくか。

愛よりも憎しみの方が人間のエネルギーをかきたてますし、人は愛にエネルギーを費やすより、憎しみにエネルギーを費やしやすい。例：ヘイトスピーチ

イエス様の愛に縁遠いゆえに、そういう彼らこそイエス様の愛を受けなければならないと感じます。

これからどのくらい信仰に生きて、愛について語っていくことができるか分かりませんが、愛の言葉をセキュラーな言語にして語っていきたいと思います。

人に教えることは、そこに行き着きます。

信仰と愛を自分の中で、僕なりに深めていこうと思います。」

「一年12回で聖書を読む会」においても、この観点を大切にしていきたいと考えています。

4．一年間を振り返って

昨年10月から今年9月までの一年間、毎月第三土曜日の午後1時〜3時の日程で開催してきました。

（1）参加メンバー

未信者3名、教会関係者8名、計11名

未信者の3名は

① 教会員から勧められて参加した婦人。ミッション系学校卒
② 教会員の知人で、チラシを見てご自分から参加された婦人
③ 公民館の掲示版を見て参加された婦人　→　亡くなられたご両親（クリスチャン）が信じていたものを知りたいとの思いで参加

教会関係者8名は自身の学びとともに、会の運営スタッフおよび応援団としてサポートしてくれました。

（2）終了時のアンケート

- 未信者の方の感想（上記①、②、③に対応）
  ① 「勉強できるのはよいことと思い、気軽に来させて頂きました。」
  「旧約聖書が新約聖書の預言と知り、衝撃でした。参加できてよかったです。」
  ② 「若い頃教会へ３年ほど行っていました。知らなかったことがいっぱいで毎回収穫ありでした。」
  「信仰の強制がなく話を聞けることはよかったです。」
  ③ 「聖書をより理解したいと思い受講しました。」
  「幼少の頃日曜学校で聞いた子供向けのやさしい聖書の話を思い出し、なつかしい思いがします。」
  「参加者の人柄と講義の進め方に共鳴でき、帰宅後さわやかな気分に感謝しています。」

未信者①、②、③の３名とも、若い時期に何らかのかたちでキリスト教に触れていたようです。

・今後の改善点等の提案
「話し合いが少しあればうれしいです。」
「学びと証しを交えていくと分かり易いでしょうか。」
　　という共通意見がありました。
　講師自身が準備した内容を伝えることに気を取られ、参加者の感想、分かち合いに充分な時間を割けなかった点を大いに反省しています。

５．二年目の開始にあたり

　既述のように、１０月より下記の２クラスをスタートしています。
・新しく参加される方に向けて『聖書は物語る』をテキストに１年生クラス。
・２年目の方を対象に『聖書はさらに物語る』をテキストに２年生クラス。
　２年目が始まったばかりの段階ですが、前年度とは少し違った手応えを感じています。
　（１）それは公民館での「聖書を読む会」を継続することにより、この学び会が地域に知られつつあるという感覚でしょうか。

「聖書を読む会」が公民館に登録されたことにより、インターネットで広報されることも大きいと思います（それを見て見学に来られた方もおりました）。

（２）また前述の未信者の方のうち、③の方は今年の7月から教会の主日礼拝にも参加されています。

当初立てました仮説の検証には、もう少し時間が必要と思いますが、今年度から新しく参加されている未信者の方々に励まされています。

この公民館の学び会が、これからも地域の方々にとって聖書にふれ、教会を知るための一つの接点としての役割を果たすことを願っています。

(報告：M牧師)

2015年11月13日　アドヴェントを前にして

編注）M牧師は大手建設会社を退職されてから神学校へ献身し牧師となられた方です。聖書の学びに大変意欲を持ってあたられています。